EL EVANGELIO VIVO

Devociones diarias para la Cuaresma de 2020

Greg Kandra

Traducido por
Carmen Fernández-Aguinaco

AVE MARIA PRESS AVE Notre Dame, Indiana

Fundado en 1865, Ave Maria Press es un ministerio de la Provincia de Santa Cruz en los Estados Unidos.

www.avemariapress.com

Libro de bolsillo: ISBN-13 978-1-59471-979-0

Libro electrónico: ISBN-13 978-1-59471-980-6

Imagen de cubierta: *At the Foot of the Cross* [Al pie de la cruz] © Jeni Butler.

Diseño de cubierta: John R. Carson.

Impreso y encuadernado en los Estados Unidos de América.

Introducción

Hace algunos años, la escritora Mary Karr publicó una bello recuento de su vida y de su conversión al catolicismo. Algunas personas de hecho lo han comparado con las *Confesiones* de san Agustín. El libro se titula Lit [Ilumindo]. Este título se refiere no solo a la literatura sino también a la idea de llevar dentro de nosotros mismos un tipo de luz, de ser luz.

No siempre resulta fácil leerlo debido a que Karr escribe sobre su dura crianza en un hogar de abuso doméstico y alcoholismo. También cuenta sobre su matrimonio a una de temprana edad y sobre sus propias luchas contra la adicción y el tiempo que pasó en un hospital psiquiátrico.

En un momento dado también describe la enfermedad terminal de su padre. La familia sabía que él se estaba deteriorando y lo llevaron a morir a casa. A menudo tenía dificultad para hablar. Pero sorprendentemente se las arreglaba para repetir una y otra vez una sola palabra: "Garfield". Bueno él tenía en su mesita de noche una taza color naranja con un dibujo del gato Garfield y la gente pensaba que se refería a ella.

Pero al cabo de un tiempo, su hija Mary se dio cuenta del significado real y la emoción de esa palabra: "Garfield". No estaba hablando de un gato de caricatura. Ni siquiera leía nunca la página de caricaturas del periódico. No, Mary se dio cuenta de que la palabra significaba otra cosa. Era el domicilio de la familia: calle Garfield, n. 4901. Estaba hablando de dónde vivía. Para él, "Garfield" significaba su casa. Seguridad, estabilidad e incluso quizás amor. Quería que todos supieran dónde estaba, dónde quería estar, y cuál era su sitio.

Creo que esto es igual para todos nosotros. Es una razón por la que celebramos la Cuaresma, por la que vamos a la iglesia a recibir la ceniza, por la que nos abstenemos de carne o de chocolate o de televisión y echamos un billete extra en el cesto de la colecta el domingo o nos ofrecemos como voluntarios en un comedor social el jueves. Necesitamos enderezar las cosas. Queremos regresar a Dios. Queremos estar en casa.

Resulta que eso es lo que también quiere Dios. "Vuelvan a mí de todo corazón", escuchamos al comienzo de la temporada en el Miércoles de Ceniza. Somos hijos pródigos que nos hemos desviado. Necesitamos regresar a nuestro sitio, a los brazos de un padre amoroso. Y así empezamos el regreso: Cuaresma: el camino de regreso de cuarenta días.

La Cuaresma es un tiempo penitencial, un tiempo para abstenerse de algo. La ceniza es solo el comienzo. Nuestra música se hace más sencilla y nuestras liturgias más simples. Se acaba el Gloria de la misa dominical. Ayunamos, oramos, quizá renunciemos al chocolate, a la carne o a la televisión. Pero con toda la sobriedad de la estación, no deberíamos perder de vista algo de vital importancia: es un camino que emprendemos con alegría.

Esto es en parte porque buscamos acercarnos más a Dios, la fuente y culmen de nuestra felicidad. Pero parte de ello, creo es algo más. Algo que va a nuestras raíces como cristianos católicos.

Está ahí mismo, en nuestro bautismo. Cuando fuimos bautizados, nuestros padres y padrinos recibieron una pequeñísima llama, una vela encendida, con las palabras: "Recibe la luz de Cristo". Bueno, pues, esa luz todavía arde. Quizás esté un poco apagada. Quizás solo quede una brasita. Quizás es difícil luchar contra el viento y el frío. Quizá la hemos olvidado o pasado por alto. ¡Pero la luz está ahí!

Este tiempo empieza con cenizas.

Pero ¿la Cuaresma? La Cuaresma trata del fuego.

En estos cuarenta días es bueno que nos preguntemos cómo podemos alentar la llama y hacerla crecer. ¿Cómo podemos convertir una chispa en una hoguera? O pidiendo prestado el título de las memorias de Mary Karr, ¿cómo podemos mostrar al mundo que estamos "iluminados"?

En el Miércoles de Ceniza, las cenizas—el resto de una llama—se ponen en nuestras frentes. Y comienza el gran trabajo de estos días de Cuaresma. Trabajo de conversión y arrepentimiento. Trabajo de orar más fielmente, amar más profundamente. Al principio, todo lo que vemos son cenizas. Pero la Cuaresma se centra en algo más: trabajar para reavivar la llama, redescubrir algo que quizá hayamos olvidado demasiado fácilmente y permitir que la luz de Cristo nos muestre el camino para regresar a casa a los brazos de nuestro Dios amoroso.

A pesar del pecado y la indiferencia, a pesar de vivir en un mundo asediado por el cinismo y la duda, todavía somos lo que el Bautismo proclamó que éramos. Somos "hijos de la luz" y la vela todavía arde.

26 de febrero
Miércoles de Ceniza

COMIENZA

"Señor, ábreme los labios y mi boca proclamará tu alabanza".

ORA

Crea en mí, oh Dios, un corazón puro, renueva en mi interior un espíritu firme.

~*Salmo 51:12–13*

ESCUCHA

Lee Mateo 6:5

"Cuando vayas a orar, entra a tu cuarto, cierra la puerta y ora ante tu Padre, que está allí, en lo secreto, y tu Padre, que ve en lo secreto, te recompensará".

Proyectos en marcha

Cuando estaba en la secundaria, tenía una maestra de inglés que se llamaba la señora Comberiatti. Un día llegó a la clase con un enorme botón en la solapa. Después de cuarenta años, no me acuerdo mucho de lo que nos enseñó sobre *La letra escarlata* o de la *Historia de dos ciudades*. Pero me acuerdo del botón que decía: "Ten paciencia, por favor. Dios no ha terminado conmigo todavía". Si nos damos cuenta, hoy en día proclamamos el mismo mensaje. No con un botón en la solapa . . . sino con ceniza en nuestra frente.

Las cenizas que llevamos anuncian al mundo este sencillo hecho: somos pecadores. Les dicen a todo el que nos ve que estamos empezando este tiempo de oración, arrepentimiento y sacrificio—que estamos buscando la reconciliación con Dios. Estas cenizas anuncian que somos obras en marcha. Dicen: "Ten paciencia, por favor. Dios no ha terminado conmigo aún". No ha terminado con ninguno de nosotros. Esta es la maravilla y la consolación de la Cuaresma.

Al entrar en este tiempo santo, deberíamos acercarnos a él con seriedad. Pero no deberíamos confundir esa seriedad con solemnidad. El evangelio de hoy nos lo recuerda: "No pongan cara triste . . . perfúmate la cabeza y lávate la cara". Yo lo llevaría un poco más allá: añade a este tiempo el sentido de cambio. Conviértelo en una ocasión de esperanza. Un nuevo comienzo. Empieza aquí y ahora.

Al recordar "que eres polvo y en polvo te convertirás" recordemos también, ser pacientes con nosotros mismos y con todos. Porque Dios aún no ha terminado con ninguno de nosotros.

ACTÚA

Hoy me recordaré a mí mismo que soy un proyecto en marcha. Dios no ha terminado conmigo aún. ¿Cómo puedo hacer más fácil el trabajo de Dios y hacerme más paciente, más comprensivo, más cariñoso?

ORA

Ten compasión, oh Señor, porque he pecado. Ayúdame a pasar los días venideros reparando lo que está quebrado, curando lo que está herido, para poder así crecer en amor por ti y por las personas de mi alrededor.

27 DE FEBRERO

JUEVES DESPUÉS DEL
MIÉRCOLES DE CENIZA

COMIENZA

"Señor, ábreme los labios y mi boca proclamará tu alabanza".

ORA

> Dichoso aquel que no se guía por criterios mundanos, que no anda en malos pasos. Amén.
>
> *~Salmo 1:1*

ESCUCHA

> *Lee Lucas 9:22–25.*
>
> "¿De qué le sirve al hombre ganar todo el mundo, si se pierde a sí mismo o se destruye?"

Entrenamiento "cruzado"

En 2018, Nike causó sensación con el anuncio de su slogan que decía: "Cree en algo. Aunque eso signifique sacrificarlo todo. ¡Hazlo!". Si suena familiar es porque debe ser así. De alguna manera, hace eco a lo que dice Jesús en el evangelio de hoy: "Toma tu cruz de cada día y sígueme". Pero por supuesto, Jesús ofrece a sus discípulos algo que Nike no puede hacer: la salvación. "Quien pierda su vida por mi causa, ése la encontrará". Es decir, cree en algo incluso si eso significa sacrificarlo todo. Es un mensaje muy fuerte para un anuncio y para todos nosotros especialmente durante la Cuaresma.

Pero el mensaje cristiano no es simplemente creer en *algo;* más bien, se trata de creer en *alguien.* Ese alguien por supuesto es Jesús. Cree en él—no solo que existe, sino también que es el camino a la salvación. Y entonces prepárate a sacrificarlo todo. Porque eso es lo que significa ser cristiano.

Ser cristiano significa amar al prójimo y orar por quienes nos persiguen. Significa oración y ayuno. Significa ofrecer la otra mejilla, entregar nuestra capa, e inclinarnos a vendar al hombre herido y sangrando al lado de la carretera. Significa dar de comer al hambriento y vestir al desnudo—y hacerlo porque es lo que creemos, porque es lo que nos ha enseñado el propio hijo de Dios.

Esto no es siempre fácil. A veces la cruz se hace demasiado pesada. Los sacrificios que debemos hacer especialmente durante la Cuaresma pueden ser abrumadores. Pero Cristo nos recuerda que el sacrificio y la prueba merecen la pena—y que el amor tiene un precio. El precio nos asegura que merece la pena. Haz la opción y di: "Creo"—y luego empieza. ¡Hazlo!

ACTUAR

En este día no busques el camino más fácil. ¿Cuáles son las cruces diarias que trato de evadir? Buscaré oportunidades para ayudar a otros a llevar sus cruces y suavizar su carga.

ORA

Ten compasión, Señor, porque he pecado. ¿Con qué frecuencia he buscado cosas para mi propio beneficio personal pasando por alto las necesidades de los demás? Ayúdame, Señor a acercarme a ti. Amén.

28 DE FEBRERO

VIERNES DESPUÉS DEL MIÉRCOLES DE CENIZA

COMIENZA

"Señor, ábreme los labios y mi boca proclamará tu alabanza".

ORA

Por tu inmensa compasión y misericordia Señor, apiádate de mí y olvida mis ofensas.

~*Salmo 51:3*

ESCUCHA

Lee Mateo 9:14–15.

"Ya vendrán días en que les quitarán al novio".

Ayunar de la indiferencia

El evangelio de hoy menciona una parte crítica de nuestra práctica cuaresmal que tenemos que tomar muy en serio: el ayuno. ¿Pero nos damos cuenta de lo que estamos emprendiendo?

Por supuesto, los viernes de Cuaresma son tradicionalmente días de ayuno o abstinencia: pasamos sin una comida o nos abstenemos de comer carne y reflexionamos más profundamente sobre el sacrificio total de Cristo y lo que entregó por nosotros en la Cruz. Así que típicamente pensamos en la Cuaresma como tiempo de dejar algo, pero como siempre me gusta decirle a la gente: "Recuerda que dejar algo significa permitir que otros lo tomen". Ayunar de una comida o dejar la torta de jamón en el almuerzo puede parecer noble y hacernos sentir un poco de hambre. Pero eso es solo el comienzo. ¿Qué más deberíamos estar haciendo?

Además de "dejar", ¿qué estamos dejando para otros? ¿Estamos dando a los pobres? ¿Estamos aumentando nuestros donativos a Caridades Católicas o a programas que dan de comer a los necesitados? ¿Estamos dándonos más a nosotros mismos? ¿Estamos chequeando cómo están nuestros vecinos que viven solos, visitando a los enfermos, u ofreciendo voluntariamente nuestro tiempo y talentos para los más necesitados? ¿Estamos dedicando más tiempo a pensar en los que tienen que pasar sin algo todos los días y no solo durante la Cuaresma? ¿Los que son pobres no tienen hogar o tienen hambre?

Al pasar estos momentos con hambre de lo que hemos dejado, ¿pensamos en los que siempre tienen hambre y no solo de alimento físico? ¿Consideramos las necesidades de los que tienen hambre de dignidad o amistad? ¿Consideramos a los que tienen hambre de amor?

La Cuaresma es un tiempo de dejar. También es una oportunidad de mejorar el arte de entregar.

ACTÚA

¿Qué son las cosas que encuentro difíciles dejar además del chocolate o la radio de camino al trabajo? Solo por hoy me esforzaré por dejar las cosas que me están impidiendo acercarme a Dios—y pediré perseverancia para entregarme más a otros de modos pequeños pero significativos.

ORA

Ten compasión, Señor, porque he pecado. Ayúdame a evitar la tentación de pecar y a aprender a entregar en espíritu de sacrificio y amor. Amén.

29 DE FEBRERO

SÁBADO DESPUÉS DEL MIÉRCOLES DE CENIZA

COMIENZA

"Señor, ábreme los labios y mi boca proclamará tu alabanza".

ORA

Señor, enséñame a seguir fielmente tus caminos.

~*Salmo 86:1*

ESCUCHA

Lee Lucas 5:27–32.

"No he venido a llamar a los justos, sino a los pecadores, para que se conviertan".

Seguir a Jesús

¿Tenía idea de en lo que se estaba metiendo? El hombre llamado Leví sentado contando su dinero, ¿tenía idea de en lo que se estaba metiendo? ¿Se dio cuenta de lo que significaría responder cuando Jesús le dijo: "Sígueme"? ¿Sabía que cuando se levantó y siguió estaba empezando el camino más desafiante de su vida, el que lo llevaría a montañas y milagros a Getsemaní y al Gólgota? ¿Cómo podía haberlo sabido? Ninguno lo sabía. Pero cuando siguieron con una única excepción se quedaron hasta el final.

Hace unos años, ABC News trató de descifrar el misterio del cristianismo e ir al fondo de quien era el "verdadero Jesús". Peter Jennings entrevistó a historiadores y teólogos buscando determinar lo que de verdad pasó en Galilea hace tantos siglos. ¿Podría la vida y muerte de este hombre llamado Jesús haber sido una invención? ¿Era algo más que una simple secta? Lo que averiguó podría haber sorprendido a algunas personas: los expertos concluyeron que algo había ocurrido. Algo había impulsado a las personas a responder la llamada de Jesús a seguirle y continuar siguiéndole incluso después de su Muerte y Resurrección. No sabían cómo explicarlo. ¿Resurrección? Quizá. Pero algo sin explicación racional convirtió a los que dudaban en creyentes y a los seguidores en mártires y santos.

Los que creemos llamamos a ese "algo" fe—una fe que impulsa a cambiar nuestras vidas ordinarias, pecadoras y mundanas y seguir a Jesús. Durante estas semanas de Cuaresma nos encontramos a Jesús una vez más mirándonos para invitarnos y llamarnos diciendo: "Sígueme". ¿Cuánto valor tendremos? ¿Hasta dónde llegaremos con y por él?

ACTÚA

No siempre he seguido a Jesús tan de cerca o fielmente como debería. Hoy eso va a cambiar. Hoy cuando me llame responderé sí. Dejaré todo lo que me detiene y me levantaré para seguirlo.

ORA

Ten compasión, oh Señor, porque he pecado. Hoy me levanto para seguirte y confío en que tú me guiarás, me animarás, me apoyarás y caminarás conmigo a dondequiera que vaya en mi camino cuaresmal. Amén.

DOMINGO, 1° DE MARZO
PRIMERA SEMANA DE CUARESMA

COMIENZA

"Señor, ábreme los labios y mi boca proclamará tu alabanza".

ORA

Dichoso aquel que ha sido absuelto de su culpa y su pecado.

~Salmo 32:1

ESCUCHA

Lee Mateo 4:1–11.

"En aquel tiempo, Jesús fue conducido por el Espíritu al desierto para ser tentado por el demonio".

A lo que renunciamos

Si pensamos que estos cuarenta días son difíciles para nosotros miremos lo que hizo Jesús durante cuarenta días y cómo la Palabra de Dios, la oración intensa y la firme voluntad pueden superar la tentación. Esta lectura del evangelio nos recuerda que Cristo tuvo que lidiar con necesidades y deseos muy humanos. Él comprende por lo que pasamos, no solo durante la Cuaresma sino siempre.

¿Pero exactamente por qué cosas estamos pasando? ¿Qué tentaciones estamos combatiendo? No hace mucho, Google decidió averiguar. El motor de búsqueda miró a las búsquedas en línea que contenían las palabras "Cuaresma" y "sacrificio". Luego detalló los resultados estado por estado. Lo más popular en ocho de los cincuenta estados era la carne. El alcohol salió segundo en siete estados. Seis estados estaban dejando los dulces o el azúcar. La lista por supuesto no es exhaustiva.

Al comenzar nuestro camino de Cuaresma podríamos preguntarnos qué otras tentaciones nos están impidiendo seguir más directamente el camino de Cristo. ¿Nos sentimos tentados a condenar a otros demasiado fácilmente? ¿Sentimos una oscura satisfacción cuando otros tropiezan, caen, o fallan? ¿Buscamos con demasiada facilidad lo peor en los demás en lugar de buscar lo mejor? ¿Estamos preocupados con los chismes o criticar a otros en línea? Quizás éstas son las cosas que *de verdad* necesitamos dejar.

Pero date cuenta de esto: aunque estamos tratando de dejar el chocolate, el alcohol, la carne, un ego inflado, las pequeñeces, los chismes o el juzgar a otros, el sacrificio merece la pena. Porque lo que dejamos en este tiempo no es nada comparado a lo que recibimos si nos abrimos a la gracia salvadora de Dios.

ACTÚA

Hoy buscaré lo mejor de los demás. Me resistiré a juzgar sus debilidades y encontraré modos de apreciarlos y valorar sus puntos fuertes.

ORA

Ten misericordia, oh Señor, porque he pecado. Dame un espíritu que me ayude a dejar atrás las cosas que me están impidiendo ir a ti y ayúdame a crecer en generosidad. Amén.

LUNES, 2 DE MARZO
PRIMERA SEMANA DE CUARESMA

COMIENZA

"Señor, ábreme los labios y mi boca proclamará tu alabanza".

ORA

"Sean santos porque yo el Señor, soy santo".

~*Levítico 19:1–2*

ESCUCHA

Lee Mateo 25:31–46.

"Cuando lo hicieron con el más insignificante de mis hermanos, conmigo lo hicieron".

La virtud favorita de Cristo

Antes de convertirse en cardenal arzobispo de Nueva York, Timothy Dolan era el rector del Pontificio Colegio Norteamericano en Roma. Acostumbraba a dar charlas a los seminaristas y éstas se recopilaron en un libro llamado Sacerdotes para el Tercer Milenio. En una de las charlas, el cardenal Dolan cita una conferencia de un retiro dado por el especialista bíblico pasionista Barnabas Ahern.

El padre Ahern preguntaba: "¿Qué piensan que era la virtud favorita de Jesucristo? ¿La fe? ¿La esperanza? ¿la caridad o la justicia?". Todas ellas pueden ser ganadoras, pero el padre Ahern tenía otra cosa en mente. La virtud favorita de Cristo, sugirió, era la humildad. Y presentó un argumento convincente.

Una y otra vez en los evangelios Cristo eligió a los más pequeños y predicó la compasión hacia los más sencillos, los más débiles, los más enfermos. Los evangelios ofrecen un mensaje reconfortante para todos los que nos sentimos indignos o limitados, extendiéndonos esta esperanza: Jesús se encontraba *más a menudo* entre los que a los ojos del mundo parecían ser *menos*.

El pasaje del evangelio de hoy, Mateo 25, nos llama a hacer lo mismo: buscar a los que otros ignoran, ayudar a quienes son marginados y levantar a quienes son abatidos. Al hacerlo, nosotros mismos podemos ejercitar la humildad, esa virtud favorita, y encontrar afinidad con otros.

La Cuaresma nos da una oportunidad de reconocer y abrazar la humildad. Empezamos este tiempo con cenizas en nuestra frente para mostrar nuestra mortalidad. ¿Qué más podemos hacer para mostrar nuestra compasión por los demás? ¿Qué podemos hacer para mostrar solidaridad con todos los que sufren?

Jesús nos recuerda que ésta es una de las cosas más importantes que podemos hacer porque al atenderlos a ellos, a él lo atendemos.

ACTÚA

Hoy buscaré a Jesús en todos los que me encuentre, en todas las situaciones, y los miraré con amor.

ORA

Ten compasión, oh Señor, porque he pecado. Ayúdame a verte en todas las personas y a amarlas como te amo a ti. Amén.

Martes, 3 de marzo

Primera semana de Cuaresma

COMIENZA

"Señor, ábreme los labios y mi boca proclamará tu alabanza".

ORA

> Cuando acudí al Señor, me hizo caso y me libró de todos mis temores.
>
> ~*Salmo 34:6–7*

ESCUCHA

Lee a Mateo 6:7–15.

"Cuando ustedes hagan oración no hablen mucho . . .".

Lo más secreto

El doctor Andrew Newburg, del Hospital Thomas Jefferson de Filadelfia, ha estudiado el impacto positivo de la oración en el cuerpo humano. Le dijo a NBC News hace unos años que la oración tiene una habilidad misteriosa y precisa de cambiarnos: "Te conectas con Dios. Te conectas con el mundo. Tu propio ego se va de alguna manera".

¿No es eso lo que tratamos de lograr durante la Cuaresma? Es un tiempo de buscar estar más "conectados a Dios", entregándonos más a él y a los demás. Es un tiempo de renovación, compromiso y regreso a Dios con todo nuestro corazón. Lo que describía Newburg sugiere por qué la oración es piedra angular de nuestras prácticas cuaresmales y en el evangelio de hoy, Jesús ofrece a sus seguidores—y a nosotros—la receta definitiva para la oración. Es probablemente la oración más conocida del mundo, cuyas dos primeras palabras resumen mucho de lo que nos conecta a Dios: "Padre nuestro".

Pero Jesús hace algo más que simplemente darnos las palabras que decir; también nos da el modo de decirlas, privadamente, en "nuestra recámara interior . . . en secreto". La expresión más profunda de nuestra devoción a Dios tiene que ocurrir en la soledad donde nosotros hablamos y Dios escucha—y donde él habla y nosotros escuchamos.

En estos primeros días del tiempo de Cuaresma, la Escritura nos habla de la fuerza de la oración para efectuar la intimidad con Dios, un nuevo sentido de pertenencia a él e incluso como sugería Newburg un modo de cambiar. En nuestra quebrantada condición humana, si de verdad queremos ser sanados, la oración debería ser lo que receta el médico.

ACTÚA

Hoy trataré de orar sencilla y sinceramente como pueda. Encontraré un rincón silencioso en mi "recámara interior" y le abriré mi corazón a Dios por unos momentos. ¿Qué me dirá? Estaré escuchando.

ORA

Ten compasión, oh Señor, porque he pecado. Guía mis pensamientos, palabras y obras para llevarme a casa contigo, donde anhelo estar siempre. Amén.

Miércoles, 4 de marzo
Primera semana de Cuaresma

COMIENZA

"Señor, ábreme los labios y mi boca proclamará tu alabanza".

ORA

Un corazón contrito, Señor, tú no lo desprecias.

~Salmo 51

ESCUCHA

Lee Lucas 11:29–32.

"La gente de este tiempo es una gente perversa. Pide una señal, pero no se le dará más señal que la de Jonás".

¡Arrepiéntanse!

Al recordar a su audiencia la historia de Jonás, Jesús estaba trayendo a la memoria al gran profeta que fue enviado a advertir al pueblo de Nínive. En el camino, Jonás se encontró una tormenta en el mar y acabó pasando tres días en el vientre de un pez gigante (en la imaginación popular, una ballena). Solo después de que sobrevivió la gente lo escuchó, creyó y se arrepintió. Pero esto es algo más que una historia de peces. Al compararse a sí mismo a Jonás, Jesús estaba preanunciando sus propios tres días en la tumba. Y, sin embargo, estaba haciendo más que seguir las huellas de ese profeta; también estaba continuando el mensaje de Juan Bautista con su llamada al arrepentimiento. Puede que no fuera un mensaje que muchos quisieran escuchar. ¿Y nosotros?

Durante estos primeros días de Cuaresma, este pasaje nos sacude: "Esta generación es perversa". Pero quizá sea eso lo que necesitamos escuchar. Quizás en este momento necesitamos el tirón a la actitud de ropa sayal y cenizas del Miércoles de Ceniza de la semana pasada. Quizás tengamos que recordar de qué se trata.

Tomemos estas palabras de Jesús como advertencia, pero también como palabras de esperanza. Podemos ser más que lo que hemos sido. Hagamos del signo de Jonás el signo que vimos en el espejo en el Miércoles de Ceniza, las cenizas que nos marcan como mortales y nos recuerdan tanto que un día regresaremos al polvo.

¿Qué vamos a hacer al respecto? ¿Qué haremos con el tiempo que tenemos?

ACTÚA

Jesús, como Juan Bautista antes de él, llama a sus seguidores al arrepentimiento. Este día, haré un inventario moral sin miedo y me preguntaré de nuevo: ¿Qué quiero cambiar de mí mismo durante el resto de la Cuaresma? ¿Dónde he fallado? ¿Cómo puedo ser más de lo que soy?

ORA

Ten compasión, oh Señor, porque he pecado. Ayúdame a reconocer lo que necesito cambiar y dame la valentía y ayúdame a confiar en tu misericordia para convertirme en la persona que tú quieres que sea.

Jueves, 5 de marzo
Primera semana de Cuaresma

COMIENZA

"Señor, ábreme los labios y mi boca proclamará tu alabanza".

ORA

Siempre que te invocamos, nos oíste y nos llenaste de valor.

~Salmo 138:1

ESCUCHA

Lee Mateo 7:7–12.

"Pidan y se les dará; busquen y encontrarán".

Pide, busca, llama, confía

Un método popular de hacer equipo es el ejercicio de la confianza en la que los miembros de un equipo de pie en un círculo y rodeados por otros cierran los ojos y se dejan caer al aire confiando en que alguien los recoja. Si eres escéptico o por lo general desconfiado esto puede ser aterrorizante. ¿Habrá manos y brazos ahí? ¿O te pegarás un golpe?

La oración también es así. Podría ser una razón por la que lo hacemos con tan poca frecuencia y tan mal; simplemente no confiamos en que Dios esté o ni siquiera esté escuchando. Pero en este pasaje del evangelio Jesús nos asegura: confía, dice, ten fe, busca y llama. Dios no te abandonará. Te dará lo que necesitas. Lo que es más importante, te dará lo que buscas. Pero ¿qué es eso? Yo creo que la búsqueda es más profunda y más lejos de lo que normalmente entendemos.

Cuando un padre ora por su hijo enfermo, cuando una mujer pide que su esposo encuentre trabajo o cuando como pueblo oramos por la paz, ¿qué estamos buscando de verdad? Puede ser algo que apenas sabemos nombrar. Puede ser la vida o la esperanza o la libertad del temor, o puede ser simplemente ser amados.

De muchas maneras, nuestra experiencia de Cuaresma es en parte "un ejercicio de confianza" echándonos en los brazos de Dios con fe, con amor, y sí, con confianza. Durante la Cuaresma profesamos nuestra confianza de niños en la bondad y la misericordia de Dios. ¿Estamos dispuestos a abandonarnos y dejar a Dios ser Dios?

Los brazos amorosos estarán ahí de cualquier manera. No tengas miedo. Dios nos recogerá si caemos.

ACTÚA

Hoy compartiré con Dios mis esperanzas y temores. Le llevaré mis ansiedades más profundas en oración y en la confianza de que me recogerá en sus brazos amorosos.

ORA

Ten compasión, oh Señor, porque he pecado. Vengo a ti buscando, pidiendo y llamando, seguro de que sabes lo que busco y me ayudas a descubrirlo. Amén.

Viernes, 6 de marzo

Primera semana de Cuaresma

COMIENZA

"Señor, ábreme los labios y mi boca proclamará tu alabanza".

ORA

Mi alma aguarda al Señor, mucho más que a la aurora el centinela.

~*Salmo 130:6*

ESCUCHA

Lee Mateo 5:20–26.

"Ve primero a reconciliarte con tu hermano".

Reconciliación

Uno de mis lugares favoritos para ir a confesar en Manhattan es San Francisco de Asís en la Calle 32 cerca de la estación Pennsylvania. Hay frailes franciscanos que escuchan confesiones todo el día. Los frailes también son populares y por eso casi siempre hay fila. Personalmente me gustan porque no dan miedo. Hace muchos años después de haber estado alejado del sacramento por varios años, fui a confesarme allí y cuando le dije al fraile el tiempo que hacía desde mi última confesión, me dijo muy suave y sencillamente: "Bienvenido de regreso". Esas fueron las palabras más bellas que he escuchado en mi vida—no solo palabras de bienvenida, sino también palabras que contenían la promesa de sanación y reconciliación.

La lectura del evangelio para este viernes de Cuaresma trata de reconciliarnos con los de alrededor, pero creo que nos ofrece una clave de reconciliación con Dios. No retrases el arreglar las cosas, dice Jesús. Haz las paces con alguien de quien te hayas alejado. Sana las divisiones. Comienza de nuevo.

El viernes, día de abstinencia de carne en este tiempo, es un buen día para recordar de qué deberíamos ayunar aparte de carne. ¿Qué tal ayunar de temor, desconfianza, o pereza en nuestra vida de oración? Podría ser también un buen momento de pasar por una iglesia para para celebrar el Sacramento de la Reconciliación.

"Reconcíliate con tu hermano", dijo Jesús a sus discípulos. Este es buen momento para preguntarnos: ¿necesitamos también reconciliarnos con Dios Padre?

ACTÚA

¿Hay alguien en mi vida a quien he descuidado o herido? Hoy me esforzaré para reconciliarme con esa persona—tanto si es un amigo, pariente, compañero de trabajo o vecino—o quizá sea Dios.

ORA

Ten compasión, oh Señor, porque he pecado. Lamento todo lo que he hecho que ha herido a otros, o te ha ofendido. Dame la gracia de comenzar de nuevo como mejor persona. Amén.

Sábado, 7 de marzo
Primera semana de Cuaresma

COMIENZA

"Señor, ábreme los labios y mi boca proclamará tu alabanza".

ORA

Dichoso el que cumple la voluntad del Señor.

~*Salmo 119:1*

ESCUCHA

Lee Mateo 5:43–48.

"Amen a sus enemigos, hagan bien a los que los odian y rueguen por los que los persiguen".

El mandamiento imposible

Hace años cuando di mi primera homilía el Miércoles de Ceniza, ofrecí una modesta sugerencia. "Intenta algo verdaderamente desafiante en esta Cuaresma", dije. "Trata de orar por personas que te caen mal. Quizás incluso trata de orar por personas a las que odias o te odian. Ora por un enemigo". Entonces tuve una idea.

"Consideren esto", dije. "¿Cuándo fue la última vez que alguien en esta iglesia oró por Osama bin Laden?" Como era de esperar, cientos de personas se quedaron boquiabiertas cuando hice la pregunta. Después de la Misa, varias personas me dijeron que estaba pidiendo demasiado. No pensaban que pudieran hacer eso. Bueno, expliqué. Eso no fue idea mía. Se le ocurrió a Jesús primero.

Y aquí está: "Amen a sus enemigos, oren por quienes los persiguen". Sinceramente, este debe ser uno de los mandamientos más difíciles de toda la Escritura y nos desafía de modos que pensamos imposibles. Así que, ¿por dónde empezar?

En su libro *Sermon on the Mount* [El Sermón de la Montaña], el escritor Emmet Fox lo explica de un modo que creo que todos podemos entender. Comienza con algo tan sencillo como difícil: perdón. Es un primer paso indispensable. Dice que, al no perdonar, nos "atamos a aquello que odiamos. La persona que quizá peor te caiga en todo el mundo, es la misma a la que te estás atando con un gancho más fuerte que el acero. ¿Es eso lo que deseas?".

Esta Cuaresma zafémonos del gancho. Tomemos ese primer paso. Perdonemos. Luego amemos. Luego oremos. ¿Qué haría Jesús? Creo que todos sabemos la respuesta.

ACTÚA

¿Quién es mi enemigo? ¿Quién me persigue? Hoy susurraré una oración por él o ella, y de un modo pequeño empezaré a amar a alguien a quien preferiría seguir odiando.

ORA

Ten compasión, oh Señor, porque he pecado. Enséñame a amar como tú amaste, a personar como tú perdonaste y a orar como tú oras—no solo por aquellos que me gustan, sino también por los que no.

Domingo, 8 de marzo
Segunda semana de Cuaresma

COMIENZA

"Señor, ábreme los labios y mi boca proclamará tu alabanza".

ORA

Nuestro auxilio es el nombre del Señor, que hizo el cielo y la tierra.

~*Salmo 121:2*

ESCUCHA

Lee Mateo 17:1–9.

"Señor, ¡qué bueno sería quedarnos aquí!"

Levántate y no temas

¿Cómo va tu Cuaresma? En este momento, después de solo once días, es cuando el fervor se empieza a apagar. Las cosas que dejamos—el chocolate, la televisión, las redes sociales y los postres—están llamándonos, distrayéndonos otra vez y pareciéndonos cada vez más apetecibles.

Eso no es raro y creo que es parte de lo que nos hace humanos y lo que hace nuestro camino cuaresmal tan desafiante—y tan vital. Y es en primer y principal lugar, un camino. Recuerdo a la Hermana Teresa Benedicta de la Cruz, mejor conocida como Edith Stein, una mujer alemana judía brillante que fue bautizada católica en 1922. Solo veinte años más tarde, perdió su vida en Auschwitz. Hoy es reconocida como santa.

Stein habló una vez de lo que cuesta ser cristiano. "Quien pertenece a Cristo", dijo, "debe ir con él hasta el final. Debe madurar y ser adulto. Debe un día u otro, hacer el camino de la cruz a Getsemaní y Gólgota". Nos damos cuenta del por qué en el evangelio de hoy cuando seguimos otro camino—a la cumbre de una montaña— Jesús se transfigura milagrosamente. Los apóstoles están aterrorizados que ni siquiera pueden mirar. Pero Jesús los consuela. "Levántense", dice, "y no tengan miedo".

Y también nos habla a nosotros siempre que estamos de camino. "Levántense y no teman". Anímense. Sí, habrá impedimentos y tropezones. Cometeremos errores. Pero eso también es parte de nuestro camino. Recuerden por qué están siguiendo este camino, haciendo estos sacrificios y tratando de volver nuestros corazones de regreso a Dios. Nos esforzamos por un paraíso que ni siquiera podemos empezar a imaginarnos donde Cristo mora en luz y en amor.

Él nos está esperando, deseando que lleguemos, y orando por nosotros. Así que levántense. ¡Y no teman!

ACTÚA

Tendré paciencia conmigo mismo y con otros con quienes me encuentre, recordando que todos estamos de camino. Todos nosotros nos enfrentamos a tropezones, contratiempos y desafíos.

ORA

Ten compasión, oh Señor, porque he pecado. Ayúdame a tener compasión de otros, como tú tienes misericordia de mí. Amén.

LUNES, 9 DE MARZO

SEGUNDA SEMANA DE CUARESMA

COMIENZA

"Señor, ábreme los labios y mi boca proclamará tu alabanza".

ORA

> No recuerdes, Señor, contra nosotros, las culpas de nuestros padres. Que tu amor venga pronto a socorrernos.
>
> *~Salmo 79:8*

ESCUCHA

Lee Lucas 6:36–38.

"Sean misericordioso como su Padre es misericordioso".

Comparte esto

En estos tiempos, vivir en el mundo de las redes sociales—Facebook, Twitter, Instagram o Snapchat—significa que siempre estamos juzgando. Nos gusta. Compartimos. No nos gusta. Condenamos. Comentamos. Nos reímos. Aprobamos. Y ¿para qué? Acabamos opinando sobre todas las cosas desde las últimas películas a las declaraciones del presidente. Todo el mundo tiene una opinión (o piensa que debe tenerla). Y a menudo nos preguntamos si todas las opiniones son igualmente válidas y dignas de atención. El resultado lleva a ruido, mucho ruido, y algunos de los intercambios más vivos (y a menudo más desagradables). Como cristianos también puede apartarnos más y más de Cristo.

No es sorprendente que, en el evangelio de hoy, Jesús de hecho dice: "Déjalo ya". Su mensaje es claro y directo. No juzgues. Más bien, ten misericordia. Da a los demás. Perdona. ¿Es esto de verdad tan difícil de comprender?

Pues, sí. Estas cosas van contra la naturaleza humana. Queremos juzgar, y por supuesto, queremos sentirnos superiores a aquellos a quienes estamos juzgando. Pero la enseñanza de Cristo nos dice que tenemos que convertir nuestros corazones, nuestros pensamientos y nuestras acciones. Tenemos que ser mejores. ¿Y no es eso en el núcleo de nuestra observancia de la Cuaresma?

Este breve pasaje resume mucho de lo que necesitamos trabajar, meditar y orar en nuestro camino de Cuaresma. Parafraseando a Juan Bautista, necesitamos disminuir para que Cristo pueda aumentar. ¿Todavía estás preguntándote qué dejar en esta Cuaresma? Piensa en dejar el juicio a favor de la oración y la misericordia. En un mundo obsesionado con compartir casi todo en las redes sociales, esta es una opción que deberíamos compartir todos.

ACTÚA

Con demasiada frecuencia, nos sentimos empujados a ofrecer nuestros juicios y opiniones. Solo por hoy, me abstendré. Me esforzaré por ser una persona de misericordia y perdón, una verdadera seguidora de Jesús.

ORA

Ten compasión, oh Señor, porque he pecado. Enséñame a ser tan misericordioso como tú y a dar a otros con generosidad de espíritu, desde un espíritu de amor. Amén.

Martes, 10 de marzo
Segunda semana de Cuaresma

COMIENZA

"Señor, ábreme los labios y mi boca proclamará tu alabanza".

ORA

Lávense y purifíquense: aparten de mi vista sus malas acciones. Dejen de hacer el mal, aprendan a hacer el bien. Busquen la justicia, auxilian al oprimido, defiendan el derecho del huérfano y la causa de la viuda.

~Isaías 1:16–17

ESCUCHA

Lee Mateo 23:1–12.

"Que el mayor de entre ustedes sea su servidor".

Entregándonos a nosotros mismos

Hace unos pocos años leí la interesante historia del padre Rick Frechette, un sacerdote americano que servía a los más pobres de los pobres en Haití. Ordenado sacerdote pasionista en 1979, se sintió llamado a hacer algo más. Fue a Honduras, donde estableció un orfanato. Luego visitó Haití, donde conoció a las hermanas de la Caridad de la Madre Teresa que habían establecido un hogar para bebés y sus madres gravemente enfermas, muchas de ellas muriendo de Sida.

En Haití, el padre Rick empezó un orfanato llamado Nos Petits Frères et Soeurs, Nuestros pequeños hermanos y hermanas. A pesar del crimen incontrolable y el caos del país, el orfanato no solo ha sobrevivido, sino que ha prosperado. En un momento de peligro, durante un embargo económico, exhortaron al padre Rick a abandonar el país. Se negó. "¿Cómo podría dejar a los niños?", preguntó. "¿Qué clase de pastor abandona cuando llega el lobo?"

Después de unos pocos años, el padre Rick decidió ir a la escuela de medicina. Una vez licenciado como doctor, empezó a trabajar en una clínica en Puerto Príncipe. Una clínica sin agua, sin electricidad y con pocos materiales médicos. Dio todo a los que no tenían nada, a menudo trabajando con poco más que un corazón lleno de amor. Un amigo mío puso la historia del padre Rick en su blog y concluyó, sobre nosotros, los cristianos católicos: "Esto es lo que nuestra gente hace mejor".

Cuando Jesús nos dice, "Los más grandes entre ustedes deben ser sus servidores", estaba pensando en personas como el padre Rick Frechette.

Pero ¿y qué hay de nosotros? Esta Cuaresma, ¿hasta dónde estamos dispuestos a ir para sacrificarnos por los demás? ¿Cuánto de nosotros mismos estamos dispuestos a entregar para mostrar el rostro de Cristo a quienes lo necesitan?

ACTÚA

¿Cómo puedo servir a los demás humildemente? ¿De qué modo puedo usar mi tiempo y mi talento para levantar a quienes tienen necesidad? Hoy día, en un mundo en que tantos quieren ser servidos, buscaré oportunidades de ser servidor.

ORA

Ten compasión, oh Señor, porque he pecado. Ayúdame a aprender humildad y a vivirla todos los días. Amén.

Miércoles, 11 de marzo
Segunda semana de Cuaresma

COMIENZA

"Señor, ábreme los labios y mi boca proclamará tu alabanza".

ORA

En tus manos encomiendo mi espíritu.

~Salmo 31:6

ESCUCHA

Lee Mateo 20:17–28.

"El Hijo del hombre no ha venido a ser servido, sino a servir y a dar la vida por la redención de todos".

Servir como Cristo

¿Percibes un tema esta semana? En la lectura del evangelio de ayer, Jesús les dijo a sus seguidores que el mayor debe servir a los demás. Hoy se pone a sí mismo como ejemplo de eso, explicando que él mismo ha venido a servir. La discusión de hoy viene como respuesta a la madre de Santiago y Juan, pero cuando dice que quiere que sus hijos tengan sitios de honor en el reino, ¿no está de hecho hablando por muchos de nosotros? ¿Cuántas veces no buscamos nuestro propio beneficio personal? ¿Cuántas veces no nos preguntamos: ¿qué saco yo de todo esto? ¿Cuántas veces pasamos nuestras vidas planificando maneras de subir de escalafón, y ascender a las alturas? Podemos pasar horas interminables preguntándonos, preocupándonos, programando o fantaseando. Jesús quiere recordarnos que nuestras vidas están destinadas a algo más y, sin lugar a dudas, deja claro que no hay corona sin cruz.

Al esforzarnos durante la Cuaresma a interiorizar nuestros pensamientos, a convertir nuestros corazones, también tenemos que dirigir nuestros pensamientos hacia afuera, buscando ayudar a otros primero. Quien desee ser grande, dice Jesús, primero debe servir. Quienes quieren subir a la cima no lo pueden hacer sobre las espaldas de los demás—y no deben esperar un premio celestial por ello. Somos llamados a algo más: a vidas de sacrificio, atención y compromiso de servicio, y a la humildad.

Imagínate qué pasaría si las figuras más poderosas e influyentes en el mundo trabajasen, sobre todo, como humildes esclavos de sus hermanos y hermanas. Ahora, imagínate si todos nosotros hiciéramos eso. No solo significaría obrar como verdaderos cristianos, verdaderos seguidores de Cristo, sino que significaría actuar como Cristo mismo.

ACTÚA

¿Soy lo suficientemente humilde, abnegado y compasivo? Hoy trataré de seguir a Cristo más íntimamente buscando no ser servido, sino servir.

ORA

Ten compasión, oh Señor, porque he pecado. Ayúdame a tener corazón de siervo, a estar totalmente dispuesto para servir a los demás con humildad y alegría. Amén.

Jueves, 12 de marzo

Segunda semana de Cuaresma

COMIENZA

"Señor, ábreme los labios y mi boca proclamará tu alabanza".

ORA

El Señor protege el camino del justo.

~Salmo 1:6

LECTURA

Lee Lucas 16:19–31.

"¡Padre Abraham, ten piedad de mí!"

Quizá tú seas el milagro

Hace unos años, cuando caminaba hacia mi trabajo en Nueva York, pasé delante de una joven que estaba sentada en la acera con un cartel que decía, "Orando por un milagro". A su lado había una caja de zapatos que contenía unas cuantas monedas que la gente había echado ahí. Yo estaba retrasado para mi trabajo y como miles de otros en la Tercera Avenida en esa mañana seguí de largo. Pero la imagen de la joven se me quedó grabada. Más tarde, a la hora del almuerzo, volví para ver si seguía ahí. Se había ido otro fantasma misterioso de la ciudad, anónimo y olvidado. Hasta el día de hoy me pregunto cuál sería su historia y si había algo que yo podría haber hecho. ¿Qué paso de ella? ¿Conseguiría su milagro? ¿Debería yo haber hecho algo para ayudarla? Me remuerde la conciencia.

De manera parecida, la historia de Lázaro y el hombre rico debería hacernos sentir incómodos y desafiarnos a preguntarnos si no estaremos tomando a las personas de nuestro alrededor como caso hecho—o peor, abandonando a los pobres y necesitados que están entre nosotros.

La Cuaresma es tiempo de dar limosna a los pobres, de volver nuestra atención a los necesitados a quien con frecuencia olvidamos—quienes tienen hambre, están desesperados o solos, deprimidos o ansiosos, descuidados o esclavizados por el tráfico humano o la adicción, los marginados. Siempre estamos llamados a recordar que el mundo está lleno de almas anónimas que piden un milagro. Este tiempo de arrepentimiento y renovación nos llama a recordar nuestra vocación, a volvernos hacia quienes nos necesitan, a orar con ellos y por ellos, y a salir al encuentro para ayudar como podamos. Dona a un comedor social. Dona tiempo en un albergue o despensa de alimentos. Da a los pobres a través de una caridad por la que sientes simpatía. ¿Quién sabe? Quizá el milagro por el que están orando seas tú.

ACTÚA

Hoy buscaré una manera de donar a una organización que atiende a los necesitados. Con mi tiempo y mis talentos o con mi dinero, daré y trataré de ser el rostro de Cristo para alguien que lo necesita.

ORA

Ten compasión, oh Señor, porque he pecado. Ayúdame a ser más compasivo hacia quienes tienen necesidad y guía mi corazón por los caminos de la generosidad y el amor. Amén.

Viernes, 13 de marzo
Segunda semana de Cuaresma

COMIENZA

"Señor, ábreme los labios y mi boca proclamará tu alabanza".

ORA

Recordemos las maravillas que hizo el Señor.

~*Salmo 105:5*

ESCUCHA

Lee Mateo 21:33–43, 45–46.

"Les será quitado a ustedes el Reino de Dios y se le dará a un pueblo que produzca sus frutos".

¿Qué tipo de fruto estamos produciendo?

Esta lectura, con la parábola de los arrendatarios, nos obliga a pensar en algo que la mayoría de nosotros preferiríamos olvidar: el juicio de Dios. ¿Qué hará con nosotros? ¿Cómo nos juzgará? ¿Cuál será nuestra suerte? Es un recuerdo sobrio de algo a lo que quizá prestáramos más atención al principio de este tiempo: nuestra mortalidad. No vamos a estar en este mundo siempre y en algún momento nuestros cuerpos serán poco más que polvo. ¿Cómo estamos usando el tiempo que se nos ha dado? Quizá esto sea algo que necesitemos escuchar en este momento.

La lectura del evangelio de hoy nos impulsa a pensar más profundamente sobre cómo estamos cuidando lo que Dios nos ha confiado—nuestro mundo, nuestros hermanos y hermanas, y las enseñanzas de Cristo—y cómo estamos (o no) honrándolo. Más concretamente, el pasaje nos hace preguntarnos qué tipo de fruto estamos produciendo.

Los días de Cuaresma deberían ser días en que nos hagamos esa pregunta con frecuencia. Estas semanas son un periodo de examen de conciencia orante. Merece la pena que nos preguntemos: ¿Estamos haciendo lo que podemos para crecer en santidad? ¿Estamos dedicando más tiempo a la oración? ¿Estamos ayunando de cosas que nos gustan y tratando de vivir más sencillamente, de acercarnos al espíritu de humilde servicio y amor que se contiene en el evangelio? ¿O se nos ha olvidado de qué trataba todo esto?

Esta lectura podría servir como un despertador, para comprometernos de nuevo con nuestras prácticas cuaresmales y volver nuestros corazones y nuestras esperanzas de regreso al Señor. Algún día habrá un juicio. ¿Cómo queremos que nos juzgue Dios?

ACTÚA

Hoy es un buen día para hacer una comprobación cuaresmal. Solo por hoy, miraré en oración a mi vida durante la Cuaresma y renovaré mi compromiso de aprovechar estos cuarenta días en espíritu de sacrificio y amor.

ORA

Ten compasión, oh Señor, porque he pecado. Dame la paciencia y fortaleza de seguir dejando atrás las pequeñeces, la envidia y el orgullo durante la Cuaresma para acercarme más a ti. Amén.

Sábado, 14 de marzo
Segunda semana de Cuaresma

COMIENZA

"Señor, ábreme los labios y mi boca proclamará tu alabanza".

ORA

Bendice al Señor, alma mía, que todo mi ser bendiga su santo nombre.

~Salmo 103:1

ESCUCHA

Lee Lucas 15:1–3, 11–32.

"Estaba perdido y lo hemos encontrado".

El pródigo, un presidente, un perdón

En 1864, un adolescente llamado Roswell McIntyre fue reclutado para la Caballería de Nueva York durante la Guerra Civil. Acabó siendo enviado a batalla con muy poco entrenamiento. Estaba aterrorizado y se dejó llevar por su miedo. Acabó escapándose del batallón. Poco después, fue arrestado y juzgado como desertor. Fue declarado culpable y se le hizo corte marcial. Por su crimen, el joven Roswell McIntyre fue sentenciado a muerte en el paredón. La madre de Roswell apeló al presidente Lincoln y le rogó que le diera a su hijo una oportunidad. Los generales de Lincoln le dijeron que perdonar al muchacho sería devastador para la moral y daría un mal ejemplo. Pero el presidente llegó a otra conclusión.

"He observado", dijo, "que a un muchacho nunca le hace bien que lo fusilen".

Perdonó a Roswell que continuó en el ejército y murió en el frente, dando su vida en servicio por su patria.

Lincoln entendía la misericordia. Cuando alguien más tarde le preguntó cómo pensaba tratar a los sureños que se habían separado del país, el presidente replicó, "los trataré como si nunca se hubieran ido". Podría haber estado hablando como el padre del hijo pródigo.

Esta parábola ofrece una bella lección sobre la humildad y la búsqueda de perdón. Pero también nos desafía. ¿Podríamos perdonar como lo hizo el padre?

¿Cuántos de nosotros podemos ser tan compasivos? Eso significa salir al encuentro de los que están heridos y de los que quieren regresar a casa. Abre los brazos a alguien que quiere empezar de nuevo. Eso significa saber el valor de una segunda oportunidad. Significa perdonar a los Roswell McIntyre que se cruzan en nuestro camino en la vida.

La Cuaresma es nuestro momento de hacer eso, de creer en la redención, la conversión y la esperanza.

ACTÚA

¿Hay alguien en mi vida a quien no he sido capaz de perdonar? Hoy me esforzaré por perdonar a otro como perdona el padre del hijo pródigo—como Dios, espero y pido, me perdona.

ORA

Ten compasión, oh Señor, porque he pecado. Perdóname, Padre y muéstrame el camino para perdonar a los demás. Amén.

Domingo, 15 de marzo
Tercera semana de Cuaresma

COMIENZA

"Señor, ábreme los labios y mi boca proclamará tu alabanza".

ORA

Vengan, lancemos vivas al Señor, aclamemos al Dios que nos salva.

~Salmo 95:1

ESCUCHA

Lee Juan 4:5–42.

"Sabemos que él es, de veras, el salvador del mundo".

UN BREVE ENCUENTRO

¿Qué pasaría si nos encontráramos con Jesús en medio de un día cualquiera? ¿Cómo reaccionaríamos? Piensa en la historia de Satoko Kitahara.

Satoko era una joven acomodada que vivía en Tokio después de la Segunda Guerra Mundial. En aquel tiempo, Tokio era una ciudad en ruinas. La gente más pobre vivía cerca del rio en un lugar conocido como "Ciudad de las Hormigas", porque los pobres eran considerados tan insignificantes como insectos.

En 1949, mientras paseaba por la ciudad, a Satoko le entró curiosidad y siguió a un grupo de monjas a una iglesia católica y quedó impactada por lo que vio. Algo la tocó muy profundamente. Volvió a la iglesia una y otra vez. Unos cuantos meses más tarde, a la edad de 20 años, Satoko—que era budista sintoísta—pidió ser bautizada. Poco después, un misionero la llevó a la Ciudad de las Hormigas, y Satoko quedó sobrecogida.

Se sintió llamada a vivir entre los pobres, explicando: "Para salvarnos, Dios envió a su único Hijo a ser uno de nosotros. Me llamó la atención que solo hubiera un modo de ayudar a estos hijos pordioseros. Y era hacerse un pordiosero como ellos".

Trabajó entre el pueblo hasta que murió de tuberculosis a la edad de veintiocho años. Ahora muchos piden que Satoko Kitahara sea un día canonizada.

En ese domingo concreto, creo que su historia tiene eco en nuestra lectura del evangelio, sobre otra mujer que se encontró con Jesús y también fue transformada. Este pasaje nos recuerda que un encuentro con Cristo puede cambiarlo todo.

Al continuar nuestro camino cuaresmal, estemos abiertos a encontrarnos con Jesús—y a ser transformados para siempre.

ACTÚA

Hoy buscaré a Cristo en personas y lugares inesperados, especialmente los pobres y marginados, en las periferias. Buscaré modos concretos de abrir mi corazón a los necesitados, ofreciéndome voluntario o donando para los pobres.

ORA

Ten compasión, oh Señor, porque he pecado. A menudo no trato a los demás como tú quisieras que los tratara. Ayúdame a ablandar mi corazón y a abrir mis ojos a tu presencia en los demás.

Lunes, 16 de marzo

Tercera semana de Cuaresma

COMIENZA

"Señor, ábreme los labios y mi boca proclamará tu alabanza".

ORA

> Como el venado busca el agua de los ríos, así, cansada, mi alma, te busca a ti, Dios mío.
>
> *~Salmo 42:2*

ESCUCHA

Lee Lucas 4:24–30.

"Yo les aseguro que nadie es profeta en su tierra".

Los forasteros

Quienquiera que trabaje en el Rito de la Iniciación Cristiana de Adultos (RICA) en una parroquia, te podrá decir que a menudo los miembros más fervorosos y devotos de la parroquia son conversos. Son los lectores y ministros extraordinarios de la Sagrada Comunión que siempre están ahí, los que consistentemente llegan temprano a la Misa y se quedan para rezar; se involucran en todo, desde ser ujieres a servir en el comité de administración de bienes. La experiencia de conversión, o de haber sido recibidos en la plena comunión de la Iglesia deja una marca duradera. De hecho, algunas de las figuras principales de nuestra fe en tiempos modernos han sido personas como Edith Stein, Avery Dulles y Evelyn Waugh, personas que abrazaron la fe después de haber sido ateos o agnósticos por muchos años.

En mi propia experiencia he encontrado que ser creyente de nacimiento a veces significa que tomamos la fe como algo hecho, lo cual parece ser exactamente el problema que se encuentra Cristo en este evangelio. A las personas en su "lugar nativo", Nazaret, se les hace difícil aceptar lo que tiene que decir. Él nos recuerda que los que están fuera del círculo a veces son más receptivos a la Palabra de Dios.

En este momento hay algunos de nosotros, estoy seguro, que se sienten fuera del círculo, algo lejos de Dios. ¡Pero son éstos quienes necesitan más su mensaje, y el mensaje de Cuaresma! La Cuaresma nos llama a reconectar, como hijos de Dios, como cristianos, como personas sedientas y hambrientas (como la cierva del salmo) de ser alimentadas por el Señor.

ACTÚA

Hoy recordaré que el mensaje de Dios está destinado a todos. ¿Qué quiere que yo escuche? ¿Qué quiere que haga?

ORA

Ten compasión, oh Señor, porque he pecado. Sé que me he separado de ti. Pero también sé que tú tienes la puerta abierta para mi regreso. Dame la bienvenida y ayúdame a encontrar el camino a casa. Amén.

MARTES, 17 DE MARZO
TERCERA SEMANA DE CUARESMA

COMIENZA

"Señor, ábreme los labios y mi boca proclamará tu alabanza".

ORA

Acuérdate, Señor, que son eternos, tu amor y tu ternura.

~*Salmo 25:6*

ESCUCHA

Lee Mateo 18:21–35.

"Si mi hermano me ofende, ¿cuántas veces tengo que perdonarle?"

"¡Qué grande es tu perdón!"

En abril de 2017, el mundo quedó horrorizado por los ataques terroristas que dejaron docenas de muertos en iglesias coptas de Egipto. Pero dos semanas más tarde vimos inesperadamente un bello testimonio de fe—y un testimonio que está al centro de la lectura del evangelio de hoy: el perdón.

Tuvo lugar en la televisión egipcia. Un periodista entrevistó a la viuda de Naseem Faheem, guardia de seguridad de la catedral de San Marcos en Alejandría. El día del ataque, él había detenido a un hombre de conducta sospechosa fuera de la catedral. Segundos más tarde, ese hombre detonó una bomba suicida, matando a Naseem y a sí mismo. Naseem, haciendo su trabajo, había salvado docenas de vidas. Fue honrado como héroe—y como mártir.

Pocos días después de su muerte la viuda de Naseem accedió a ser entrevistada. Rodeada de sus hijos, dijo algo sorprendente: "No estoy enojada con la persona que hizo esto", empezó. Luego se dirigió al homicida de su esposo: "Que Dios te perdone", y añadió: "Nosotros también te perdonamos".

Después de eso, la cámara se volvió al presentador, Amr Adeeb, musulmán, y una de las personalidades más populares de la televisión de Egipto. Profundamente conmovido luchó para encontrar las palabras. Finalmente lo consiguió. "Los cristianos de Egipto", dijo, "están hechos de acero. ¡Qué grande es su perdón! ¡Esta es su fe!"

Esta es nuestra fe. La lectura del evangelio de hoy nos desafía: ¿cuán grande es nuestro perdón? En la parábola del deudor, Jesús deja claro que el juicio será severo, "a no ser que cada uno de ustedes perdone a su hermano de corazón". Me acuerdo del grito de perdón del mismo Cristo desde la cruz. ¿Cuán grande es nuestro perdón?

ACTÚA

¿Cuántas veces perdono a quienes me han herido? ¿Cuántas veces sigo aferrado a un resentimiento? Hoy me abstendré de otra cosa para la Cuaresma: aferrarme al pasado.

ORA

Ten compasión, oh Señor, porque he pecado. Con demasiada frecuencia me he aferrado a un resentimiento o he albergado la incapacidad de perdonar. Abre mi corazón, Señor, para dejar que el perdón arraigue y crezca. Ayúdame a perdonar sin fin.

Miércoles, 18 de marzo
Tercera semana de Cuaresma

COMIENZA

"Señor, ábreme los labios y mi boca proclamará tu alabanza".

ORA

Glorifica al Señor, Jerusalén.

~*Salmo 147:12*

ESCUCHA

Lee Mateo 5:17–19.

"No crean que he venido a abolir la ley o los profetas; no he venido a abolirlos, sino a darles plenitud".

Cumplir el plan de Dios

Recuerdo una conversación con un monje benedictino hace unos años cuando estaba en un retiro y hablamos sobre los desafíos de vivir una vida de pobreza, castidad y obediencia. Él habló muy candorosamente sobre cómo la oración y el compromiso a esa vida hacía todo más fácil junto con un firme amor por el Señor. Le pregunté cuál de los tres votos era el más difícil. Sin dudarlo, respondió: "la obediencia". Luego sonrió y añadió: "aunque no lo creas, ese es el más duro".

Parece que incluso a los monjes como a muchos de nosotros no nos gusta que nos digan qué hacer y no nos encanta cumplir órdenes. Sin duda eso era verdad también en tiempos de Jesús.

La obediencia y el cumplimiento de la ley eran centrales en la vida de Cristo; después de todo, era un devoto judío. Pero como deja claro el evangelio los mandamientos y la ley para él solo eran el comienzo. Este pasaje tiene lugar en medio de su discurso más importante, el Sermón de la Montaña, y después de celebrar lo que hace a las personas benditas en las Bienaventuranzas, recuerda a los oyentes que nada de lo que está diciendo está dirigido a contradecir la ley. Está tratando de construir sobre ella y cumplirla.

¿No es esto, de alguna manera, lo que estamos tratando de hacer en Cuaresma? Al seguir las prácticas de este tiempo—oración, ayuno, penitencia, limosna y sacrificio—nos esforzamos por cumplir el plan de Dios para nosotros, su llamada, su invitación a crecer en santidad y en fe.

¿Y no merece eso la pena?

ACTÚA

¿Me cuesta mucho la obediencia? ¿Me resulta difícil seguir las prácticas y disciplinas de la Cuaresma? Quizá tenga que tomar un día a la vez. Solo por hoy me esforzaré por vivir la Cuaresma con gratitud y alegría, tomando cada momento como una oportunidad para acercarme más a Dios.

ORA

Ten compasión, oh Señor, porque he pecado. Que la vida de tu hijo sirva para enseñarme cómo ser obediente, pero a través de esa obediencia crecer en fe, esperanza y caridad. Amén.

JUEVES, 19 DE MARZO
SOLEMNIDAD DE SAN JOSÉ
TERCERA SEMANA DE CUARESMA

COMIENZA

"Señor, ábreme los labios y mi boca proclamará tu alabanza".

ORA

Proclamaré sin cesar la misericordia del Señor.

~*Salmo 89:2*

ESCUCHA

Lee Mateo 1:16, 18–21.

"Le pondrás el nombre de Jesús, porque él salvará a su pueblo de sus pecados".

Todo lo que tenemos que saber

Al acercarnos a la mitad de la Cuaresma, la Iglesia introduce una nueva figura en nuestro camino, san José. Hoy marca la fiesta de este gran santo de firme silencio. Sabemos poco de él por las Escrituras y no se le atribuye ninguna palabra en los evangelios. ¿Qué tiene que enseñarnos? Muchísimo.

En los años ochenta, un ministro llamado Robert Fulghum publicó un libro titulado *Aprendí en kinder* todo lo que necesitaba saber. Es una guía sencilla y directa para una vida virtuosa y humilde y estuvo en las listas de los más vendidos durante dos años. Bueno, yo sugiero que mucho de lo que tenemos que saber se puede aprender de san José. Entre otras, cosas, nosotros podemos aprender de san José lo siguiente: Esfuérzate por ser "justo". Mantente al lado de aquellos a quienes amas sin condiciones. Guarda tus compromisos. Escucha a los ángeles. No te preocupes demasiado por el futuro. Confía en Dios. Mantente conectado a tus raíces. Abraza el camino. Cree que a Dios se le puede encontrar en cualquier sitio, aunque otros no le hagan espacio. Sueña. Sueña de nuevo. Y nunca dejes de soñar.

Y luego está esto: no tengas miedo de estar callado. A veces el compañero silencioso tiene mucho que decir. Puedes hablar enciclopedias solo con estar presente, ser fuerte y ser modelo de fe obediente.

Para quienes caminamos por la Cuaresma, san José nos ofrece compañía e inspiración. En José, encontramos otra persona que caminó, que hizo sacrificios, que convirtió su vida en oración y que nunca perdió de vista a dónde quería Dios que fuera. Pidamos que él siga caminando con nosotros y mostrándonos el camino durante estos cuarenta días.

ACTÚA

Normalmente vemos a san José como figura congelada en el tiempo—una estatua, estampa, vidriera o icono. Pero fue un hombre como nosotros, padre, esposo y trabajador. ¿Cuántas veces salto a conclusiones sobre otras personas o los convierto en estereotipos? Hoy pasaré algún tiempo apreciando las dimensiones únicas de aquellos con quienes me encuentro y daré gracias a Dios por su ilimitada creatividad.

ORA

Ten compasión, oh Señor, porque he pecado. Guíame a ser más como san José y a convertirme en más fiel seguidor tuyo. Amén.

Viernes, 20 de marzo
Tercera semana de Cuaresma

COMIENZA

"Señor, ábreme los labios y mi boca proclamará tu alabanza".

ORA

> Escucha, pueblo mío, mi advertencia,
> ¡Israel, si quisieras escucharme!
>
> ~Salmo 81

ESCUCHA

Lee Marcos 12:28–34.

"Escucha, Israel: el Señor, nuestro Dios, es el único Señor".

¿Qué tan profundo es tu amor?

El escritor y crítico católico de cine Michael Lickona dijo una vez sobre el matrimonio algo que a mí me gusta citar en mis homilías de bodas: "Creo", escribió, "que el matrimonio es la mejor oportunidad que tengo de amar a mi prójimo como a mí mismo". Es un gran recordatorio que la persona con la que pasarás el resto de tu vida va a ser un prójimo muy cercano—y que debes amar a esa persona como a ti mismo.

Por supuesto en la lectura del evangelio de hoy escuchamos que amar al prójimo es uno de los dos mandamientos más grandes. Pero no debemos olvidar que va detrás del de amar a Dios. Cuando escuchamos esta lectura, tendemos a pasar por alto las instrucciones que Jesús ofrece a continuación: que tenemos que "amar a Dios con todo tu corazón, con toda tu alma, con toda tu mente, y con todas tus fuerzas". Y esto significa que debe ser de una manera total. No podemos hacerlo por teléfono.

Ponerse ante este pasaje durante la Cuaresma nos obliga a hacernos estas dos provocadoras preguntas: ¿Estamos reteniendo algo que no le damos a Dios? ¿Le estamos dando todo lo que somos—corazón, alma, mente y fuerzas?

Por último, este breve pasaje nos invita a explorar el alcance de nuestra capacidad de amar—amando a Dios y amando a nuestro prójimo. También podríamos preguntarnos a nosotros mismos si hacemos el esfuerzo de amar a los que están a nuestro alrededor y que, francamente, algunas veces son muy poco amables: los tercos, los egoístas, los que dicen palabras hirientes, los que han sido heridos por la vida. ¿Nos vemos en ellos? ¿los amamos como nos amamos a nosotros mismos?

Una canción popular de mi juventud preguntaba: "¿Qué tan profundo es tu amor?". Es una pregunta no tiene límite de tiempo y es, además, una pregunta muy oportuna para la Cuaresma.

ACTÚA

Jesús nos dice que éstas son las leyes más importantes que debemos obedecer. Así que hoy haré el propósito de amar a Dios plenamente—con mi corazón, mi alma, mi mente y mi fuerza—y amar al prójimo como a mí mismo.

ORA

Ten compasión, oh Señor, porque he pecado. No siempre te he amado a ti o a mi prójimo como debería. Acércame más a ti y profundiza mi fe y mi confianza. Dame el valor y la generosidad de espíritu para amar a los de mi alrededor con la misma paciencia y bondad con la que tú me amas. Amén.

COMIENZA

"Señor, ábreme los labios y mi boca proclamará tu alabanza".

ORA

Lávame bien de todos mis delitos y purifícame de mis pecados.

~Salmo 51:3–4

ESCUCHA

Lee Lucas 18:9–14.

"El que se enaltece será humillado y el que se humilla será enaltecido".

Una pequeña lección

En la historia de Jeanne Jugan recibimos una profunda lección de humildad. Ella era una campesina francesa nacida a finales del siglo XVIII que se sentía enormemente conmovida por la situación de los pobres. En 1839, fundó a las Hermanitas de los Pobres, una orden religiosa dedicada al cuidado de los pobres. Eso, en sí mismo, fue heroico. Y también lo que ocurrió después.

Solo un par de años después de que Jeanne fundara la orden, se le asignó un sacerdote para supervisarla como capellán. Él decidió trasladar a Jeanne a otro convento para formar y trabajar con las novicias. Por obediencia, ella aceptó el destino y pasó el resto de su vida ahí. Muchas de las hermanas que vivían con ella nunca se enteraron de que la hermana que vivía y trabajaba tan humildemente entre ellas, esta mujer que vaciaba bacinillas y barría los pisos, era la fundadora de la orden. La verdad no salió a la luz hasta que se hizo una investigación once años después de su muerte. Jeanne Jugan nunca se lo dijo a nadie. Nunca reclamó el crédito, y aceptó una vida de relativa oscuridad por amor a los pobres y por su deseo de servir a Dios.

Al continuar nuestro camino cuaresmal y escuchar la parábola del que se exalta y del humilde, nos damos cuenta más profundamente de que la humildad es parte de la santidad. La llamada de la Cuaresma es una llamada a la humildad, una llamada a darnos cuenta de nuestras limitaciones y de nuestras debilidades y darle prioridad a Dios. La vida de Jeanne Jugan es una lección sorprendente sobre cómo lo hacen los santos.

¿Qué podemos hacer para ser más como ellos?

ACTÚA

Por hoy, me humillaré ante Dios recordando que comencé la Cuaresma marcado con cenizas como signo de arrepentimiento y de mortalidad. Me esforzaré por actuar por amor y no por orgullo dando toda la gloria a Dios.

ORA

Ten compasión, oh Señor, porque he pecado. Esta Cuaresma, recuerdo que soy polvo y que al polvo he de regresar. Ayúdame, Señor, a regresar al evangelio viviendo en sencillez y caridad. Amén.

Domingo de Laetare, 22 de marzo
Cuarta semana de Cuaresma

COMIENZA

"Señor, ábreme los labios y mi boca proclamará tu alabanza".

ORA

En otro tiempo ustedes fueron tinieblas, pero ahora, unidos al Señor, son luz.

~*Efesios 5:8*

ESCUCHA

Lee Juan 9:1–41.

"Yo soy la luz del mundo".

Deja que entre la luz

¿Buscando un descanso en lo sombrío de la Cuaresma? No busques más. Este domingo, aquí está la luz.

En la lectura del evangelio, un ciego recibe la vista y Jesús hace una declaración muy atrevida: "Yo soy la luz del mundo". Cuando pienso en lo que ocurre en este pasaje, creo que aquí estamos ante algo más que un milagro. Vemos nada más y nada menos otro Génesis.

Recuerda las primeras palabras atribuidas a Dios al principio de la Escritura.

"Que se haga la luz". La luz es donde empieza todo. Es cómo comienza la creación, cómo se hace el universo, cómo arranca la gran e interminable obra de la imaginación de Dios. Y en este milagro, a su propio modo, Jesús repite las palabras del Padre: Que se haga la luz. Que empiece la creación. Déjame ayudarte a ver lo que no podías ver.

Jesús le dijo esto a un ciego hace dos mil años. Nos lo dice a cada uno de nosotros hoy. Que se haga la luz. La lectura del evangelio de hoy exclama: que haya Cristo en el mundo. En él, se nos da otro Génesis.

Cuando empezamos la Cuaresma se nos dijo que rasgáramos nuestros corazones. Quizá necesitemos hacer eso para dejar que entre la luz. ¿Hemos sido egoístas? ¿Crueles? ¿Faltos de misericordia? ¿Hemos estado demasiado cómodos viviendo en las sombras del cinismo y el pecado? Quizás hayamos sido renuentes en amar, cerrando nuestros corazones y permitiéndoles oscurecerse. La Cuaresma nos dice: "Rásguenlos. Ábranlos de un tirón. Dejen que entre la luz".

ACTÚA

Hoy buscaré maneras de traer más luz a nuestro mundo oscuro y a veces desesperado. ¿A quién conozco que necesita esperanza? ¿Compañía? ¿Ánimo? ¿Oración? Solo por hoy, doy la bienvenida a la luz en mi corazón para poder salir al encuentro de otros.

ORA

Ten compasión, oh Señor, porque he pecado. Hazme un instrumento de tu paz y un portador de tu luz. Amén.

LUNES, 23 DE MARZO

CUARTA SEMANA DE CUARESMA

COMIENZA

"Señor, ábreme los labios y mi boca proclamará tu alabanza".

ORA

Alaben al Señor quienes lo aman, den gracias a su nombre.

~*Salmo 30*

ESCUCHA

Lee Juan 4:43–54.

"Vete, tu hijo ya está sano".

Cree

Una de las líneas más notables en el evangelio de hoy es muy sencilla: "El hombre creyó lo que le dijo Jesús y se fue". Lo que le dijo Jesús, por supuesto, es que su hijo sería curado. Este es un testimonio de creencia. Es algo de lo que no tenemos mucho en nuestra época tan cínica.

Alguien que creyó fue un sacerdote llamado el padre William McCarthy. Innumerables personas en Quincy, Massachusetts, lo conocían simplemente como "el padre Bill". A finales de los años setenta, se dio cuenta del aumento de personas sin hogar en su vecindario, y quiso hacer algo al respecto. Puso catres en el sótano de su iglesia, para que la gente pudiera tener un lugar caliente donde pasar la noche. Más adelante, el padre Bill encontró un edificio al final de una calle sin salida, cerca del albergue de animales de la ciudad y allí creó el

"Lugar del padre Bill", un santuario para personas que no tenían un lugar donde fueran queridos.

Pero el padre Bill los quería y quería que se sintieran amados. Cuando murió hace unos cuantos años, un antiguo residente dijo: "Era el sacerdote de todos". La gente recuerda cómo veían al padre Bill fuera del edificio compartiendo un cigarrillo con algunos de los residentes, los enfermos, algunos alcohólicos y personas abandonadas y maltratadas. Eran su rebaño. Luchó por ellas y nunca las dio por perdidas. Y lo hizo porque creía. Creía en ellos y creía en Jesucristo. Creía en hacer que ocurrieran milagros. Y por esta creencia, ellos también creían.

La Cuaresma nos anima a nutrir nuestra fe y confianza en que Dios puede obrar milagros en nosotros y a través de nosotros. Puede. Lo hará. Con tal de que nosotros, como el oficial real en el evangelio de hoy y como el padre Bill McCarthy, le tomemos la palabra.

ACTÚA

Hoy voy a dejar las dudas de lado. Elegiré creer que Dios puede obrar milagros en mi vida y creeré en la posibilidad de los milagros en las vidas de los demás también.

ORA

Ten compasión, oh Señor, porque he pecado. Ayuda mi falta de fe y ayúdame a confiar más profundamente en tu amor por mí.

Martes, 24 de marzo
Cuarta semana de Cuaresma

COMIENZA

"Señor, ábreme los labios y mi boca proclamará tu alabanza".

ORA

Dios es nuestro refugio y nuestra fuerza.

~Salmo 46:2

ESCUCHA

Lee Juan 5:1–16.

"Levántate, toma tu camilla y anda".

El levantarse

¿Quién podría decirle que no a Jesús?

En la lectura del evangelio de hoy Jesús se encuentra a un hombre tullido por la mayor parte de su vida y le hace una pregunta: "¿Quieres curarte?". Pero el hombre no contesta que sí. En cambio, explica por qué no ha podido entrar en las aguas sanadoras—¡con tanta gente entremetiéndose! Así que Jesús, de hecho, le trae las aguas de sanación, con un simple mandato. "Levántate", le dice Jesús, "toma tu camilla y anda". Y lo hace.

Este es probablemente uno de los milagros más breves y casi mecánicos, pero está lleno de significado para todos nosotros. La Cuaresma nos recuerda que todos nosotros, de una manera u otra, somos tullidos. Somos humanos. Somos obstinados e imperfectos. Podemos estar tullidos por el temor, la inseguridad o el pecado. Podemos estar tullidos por los malos hábitos, o la mezquindad, o el ego o la codicia. Pero queremos ir a otro lugar. Queremos avanzar. Quizá otros se nos meten en el camino. Quizá nos encontramos frustrados por nuestra debilidad. Pero Jesús nos ofrece este momento de redención y esperanza. Si queremos estar bien nos puede ayudar a estarlo. Él nos trae su palabra sanadora.

Este tiempo de Cuaresma es un momento de escuchar la llamada de Cristo. ¿Queremos estar bien? ¿Queremos levantarnos, tomar nuestra camilla y andar? Lo que nos esté deteniendo, lo que sea que nos está impidiendo, Cristo nos ofrece su palabra de ánimo y sanación ¿Queremos estar bien? ¿Quién podría decir no?

ACTÚA

Por hoy, tendré el valor de dejar atrás lo que me está tullendo, lo que me está inhibiendo y lo que me está impidiendo caminar a una relación más profunda con el Señor.

ORA

Ten compasión, oh Señor, porque he pecado. Anhelo crecer en santidad y superar mis pecados, mis debilidades y mis faltas. Dame la gracia de hacer lo que debo hacer. Amén.

Miércoles, 25 de marzo

Fiesta de la Anunciación
Cuarta semana de Cuaresma

COMIENZA

"Señor, ábreme los labios y mi boca proclamará tu alabanza".

ORA

Aquí estoy, Señor, para hacer tu voluntad.

~*Salmo 40:9*

ESCUCHA

Lee Lucas 1:26–38.

"¡Alégrate, llena de gracia, el Señor está contigo!"

¿Cómo puede ser esto?

Una vez más nos encontramos a un visitante inesperado que se une a nosotros en Cuaresma: el ángel Gabriel, que trae una noticia a María que pondrá el mundo boca abajo y cambiará la historia. La vida es así.

¿Cuántos de nosotros no hemos sido cegados por acontecimientos que nunca habríamos esperado—un giro en el camino de la vida que nunca anticipamos, para bien o para mal—y nos hemos preguntado con ira, desesperación o admiración, ¿cómo puede ser esto?

Y aquí a María solo se le dice: "Nada hay imposible para Dios". Y eso es suficiente. Es todo lo que necesita oír. Aceptará la voluntad de Dios y la cumplirá. Esto es—en todos los sentidos—extraordinario. ¿Cómo puede ser que alguien tan joven diga tan fácilmente sí a algo que indudablemente será difícil, doloroso e incluso posiblemente escandaloso? La pura idea ya es un susto. Va contra nuestra cultura.

Vivimos en un tiempo en que no es tan fácil decir no. Podemos hacer de la vida lo que queramos, incluso si no es lo que debería ser. Pero María escuchó otra voz, la voz de un ángel con una invitación de parte de Dios. Cuando María hizo la pregunta que el mundo tantas veces le hace a Dios—¿cómo puede ser esto?—la respuesta encendió un fuego en ella. El fuego del Espíritu Santo, el fuego de la posibilidad. Porque nada es imposible para Dios. ¡Con qué frecuencia se nos olvida esto! ¡Con cuanta frecuencia no creemos ni confiamos en él!

Durante estos últimos días de Cuaresma mientras continuamos esforzándonos por comprometernos otra vez con el Señor, considera esta otra clase de anunci-ación—anunciando ánimo, prometiendo esperanza, e invitándonos a entusiasmarnos con la posibilidad. Porque, por supuesto, Dios puede hacer cualquier cosa posible.

ACTÚA

Hoy, como María, me pondré en las manos de Dios confi-ando en que me llevará a donde quiere que vaya porque nada es imposible para Dios.

ORA

Ten compasión, oh Señor, porque he pecado. ¡Con cuánta frecuencia no he confiado en ti! ¡Con cuánta frecuencia te he cuestionado o he dudado de ti! Asegura mi corazón escéptico, Señor, y fortalécelo para que siempre haga tu voluntad. Amén.

Jueves, 26 de marzo
Cuarta semana de Cuaresma

COMIENZA

"Señor, ábreme los labios y mi boca proclamará tu alabanza".

ORA

Perdona, Señor, las culpas de tu pueblo.

~Salmo 106:4

ESCUCHA

Lee Juan 5:31–47.

"Tengo un testimonio mejor que el de Juan".

Dar testimonio

Este breve pasaje del Evangelio de Juan nos ofrece una palabra una y otra vez: testimonio. Testimoniar o testificar aparece nada menos que ocho veces en unas pocas líneas. El diccionario nos dice que testimoniar es "una declaración solemne normalmente hecha oralmente ante testigos bajo juramento en respuesta a la interrogación de un abogado u oficial público autorizado". Pero también es "las tablas inscritas con la Ley de Moisés" y un "decreto divino declarado en las Escrituras". Sea como sea que se interprete, lo que ocurre en este pasaje es algo de gran importancia; Jesús claramente quiere decir que es algo que no se debe tomar a la ligera.

Entre otras cosas, les recuerda a quienes le escuchan que lo que está enseñando y haciendo, los milagros que está realizando y las lecciones que está dando, van más allá y más profundo de lo que se dan cuenta sus seguidores. Está proclamando "una declaración solemne" que viene, de hecho, del Padre—un mensaje de transformación y conversión, una promesa de salvación.

En eso, Jesús testifica, hace un juramento solemne, de la misericordia. Da testimonio de la caridad. Da testimonio de la compasión y el sacrificio, la oración y la penitencia. Da testimonio del amor. De muchas maneras, está dando testimonio de las prácticas que buscamos vivir en esta Cuaresma y nos asegura que lo que nos está enseñando a hacer y a creer viene de arriba.

Y nos pide que demos testimonio también. Lo hacemos diariamente con nuestras opciones, nuestras palabras, y nuestras oraciones y lo que es más importante con nuestras vidas. En este tiempo, una y otra vez, escuchamos el testimonio de Cristo.

¿Qué está escuchando la gente de nuestro testimonio?

ACTÚA

Si fuéramos llamados a testificar por el evangelio, ¿qué diríamos? Este día, oraré por el valor de vivir mi fe desinteresada y alegremente.

ORA

Ten compasión, oh Señor, porque he pecado. Hazme más valiente, más amoroso, más compasivo y más orante, para que pueda dar testimonio de tu presencia en mi vida. Amén.

Viernes, 27 de marzo
Cuarta semana de Cuaresma

COMIENZA

"Señor, ábreme los labios y mi boca proclamará tu alabanza".

ORA

El Señor no está lejos de sus fieles y levanta a las almas abatidas.

~Salmo 34:19

ESCUCHA

Lee Juan 7:1–2, 10, 25–30.

"Algunos que eran de Jerusalén, se decían: '¿No es éste al que quieren matar?'".

Lo conocemos

Estamos llegando casi al final de la Cuaresma. Solo faltan dos semanas para el Viernes Santo y las lecturas están tomando un tono más sombrío. Hay un sentido de presentimiento en este pasaje del evangelio y un sentido de que el final se acerca. Jesús habla directamente a quienes preguntan, buscan y dudan. "Ustedes me conocen", les dice, "y también saben de dónde vengo".

¿Nos está hablando? ¿Todavía se nos hace difícil encontrar nuestro camino al acercarse estos cuarenta días a su fin? Estos últimos días de Cuaresma nos pueden desafiar como Jesús desafía a su audiencia. Podríamos sentirnos frustrados, confusos e inadecuados. Podríamos sentirnos cargados por el ayuno o la oración. Podríamos estar esperando una especie de epifanía, un momento de *eureka* que hiciera que todo el esfuerzo y la disciplina de la Cuaresma cayera en su sitio.

Quizá nos sintamos tentados por el chocolate de Pascua en los escaparates de las tiendas o nos detengamos a mirar con deseo a los anuncios de los Happy Meals de McDonald's del vecindario. Podríamos incluso estar aburridos; ¿es Pascua ya?

Las palabras de Jesús nos vuelven a la realidad: "Ustedes me conocen".

Sí, por supuesto. Lo conocemos. Hemos pasado estas semanas escuchando sus palabras, reviviendo sus milagros y siguiendo nuestro propio camino hacia el Calvario y lo hemos seguido con nuestras oraciones, nuestras esperanzas y nuestros momentos de sacrificio y examen de conciencia. Lo conocemos. Y él nos conoce. Estas dos últimas semanas pueden ser un momento de una reflexión más profunda y un compromiso renovado con nuestra propia conversión y un recordatorio de que no estamos haciendo este camino solos. Estamos caminando con Cristo, así como él camina con nosotros.

¡Lo conocemos! sus enseñanzas, sus expectativas, su misericordia y su amor. Y sabemos también por qué hacemos todo esto y a donde nos lleva el camino.

ACTÚA

Pasaré tiempo hoy reflexionando sobre a dónde me ha traído mi camino de Cuaresma—y a dónde todavía espero ir. Y confío que Jesús estará ahí, como siempre ha estado, como mi esperanza, mi hermano y mi guía.

ORA

Ten compasión, oh Señor, porque he pecado. Señor, que pueda pasar estos últimos días de Cuaresma renovando mi compromiso contigo, confiando en tu amor y dando testimonio de tu misericordia y compasión. Amén.

SÁBADO, 28 DE MARZO
CUARTA SEMANA DE CUARESMA

COMIENZA

"Señor, ábreme los labios y mi boca proclamará tu alabanza".

ORA

En ti, Señor, me refugio.

~*Salmo 7:2*

ESCUCHA

Lee Juan 7:40–53.

"Algunos de los que habían escuchado a Jesús comenzaron a decir: 'Éste es verdaderamente el profeta.'"

El rebaño dividido

El 21 de marzo de 2006, el pionero de las redes sociales Jack Dorsey hizo algo que nadie había hecho antes y que tuvo un profundo impacto en todos nosotros. Envió el primer tweet. "Estoy armando mi twttr", escribió, sin ninguna vocal. El resto es historia.

Según los últimos reportes, hay unos quinientos millones de tweets al día que se envían en todo el mundo, con unos cien millones de usuarios de Twitter diarios. Y los números siguen creciendo. Vivimos en una era en que la comunicación es instantánea, en que ningún pensamiento deja de expresarse y en que más personas escuchan más voces—para bien o para mal. Y mucho de esto está ocurriendo en Twitter y otras formas de redes sociales.

También está provocando mucha amargura y enojo. Pero este evangelio nos recuerda que eso no es nuevo.

Los humanos no pueden evitar estar en desacuerdo. De hecho, suena como si todo el mundo tuviera una opinión sobre Jesús—no todas favorables. Muchos de los que lo escucharon estaban tan divididos como los que frecuentan Facebook hoy. Algunos estaban admirados; otros, enojados. Esto nos podría hacer preguntarnos: ¿cuál es nuestra opinión sobre Jesús? ¿Cómo lo vemos? ¿Cómo nos ha afectado esto durante la Cuaresma?

En un mundo donde todos tienen una opinión sobre Jesús—y de nuevo, no todas son favorables—recordamos ese día hace unas cuantas semanas en que llevamos cenizas y mostramos quiénes somos y a quién seguimos. Recordamos nuestro compromiso a volver nuestros corazones hacia el Señor.

Y recordamos también que somos un pueblo guiado por el amor para vivir de manera distinta a la de aquellos que valoran otras cosas primero. Este es un mensaje con un impacto mucho más grande de lo que Jack Dorsey podría haber imaginado.

ACTÚA

¿Cómo puedo enviar el mensaje de que soy seguidor de Cristo? El mejor modo es con mi vida, así que me esforzaré por vivir como cristiano lleno de fe dando testimonio del evangelio con compasión y alegría.

ORA

Ten compasión, oh Señor, porque he pecado. Quítame el temor a proclamar mi fe en ti con mi vida—amando fuertemente, perdonando generosamente y soportando pacientemente los problemas a los que me pueda enfrentar. Amén.

COMIENZA

"Señor, ábreme los labios y mi boca proclamará tu alabanza".

ORA

"Si Cristo vive en ustedes, aunque su cuerpo siga sujeto a la muere por causa del pecado, su espíritu vive a causa de la actividad salvadora de Dios".

~*Romanos 8:10*

ESCUCHA

Lee Juan 11:1–45.

"Esta enfermedad no acabará en la muerte, sino que servirá para la gloria de Dios, para que el Hijo de Dios sea glorificado por ella".

Dejar la tumba

Por muchos años, uno de los sacerdotes más influyentes de Norte América fue alguien de quien la mayoría nunca han oído hablar: el padre Joseph Martin.

En el curso de muchos años, el padre dio charlas por todo el país. Su discurso más fuerte siempre empezaba con las mismas seis palabras: "Soy Joe Martin y soy alcohólico". Dos de las charlas del padre Martin—llamadas charlas porque usaba un pizarrón—fueron grabadas y se convirtieron en programas standard en centros de tratamiento y hospitales por todos los Estados Unidos. Ayudó a innumerables personas a quienes nunca había conocido. Un médico dijo de él: "El padre Martin ha hecho más que nadie en los últimos cincuenta años".

El padre Martin a menudo hablaba sinceramente de su propia lucha contra el alcoholismo; de su miedo de acercarse al altar por su hábito de beber, de los domingos cuando le temblaban las manos y la vez en que fue internado en un hospital psiquiátrico. Por fin fue enviado a Guest House, un centro de tratamiento para el clero, donde cambió su vida y empezó el lento proceso de cambiar las vidas de decenas de miles de personas.

Pocos meses antes de su muerte, el padre Martin celebró cincuenta años de abstinencia de alcohol. Él habló de su camino con palabras que pueden resonar en cada uno de nosotros. Al reflexionar en la historia del evangelio de hoy sobre Lázaro somos conscientes de cómo esperamos con ilusión y alegría la esperanza de la Pascua. "¿Cómo puedo explicar", preguntaba, "lo que se siente al salir de la tumba de la adicción?"

La Cuaresma es un tiempo en que respondemos a la llamada de Cristo y salimos de cualquier tumba personal que pueda estar encerrándonos, los pecados y fallos que enmarcan nuestras vidas. La Cuaresma nos pide que nos levantemos y nos alejemos de ellas. Como Lázaro, el padre Martin sabía lo que era responder a la llamada: "Sal fuera". Que encontremos en esta estación el valor de hacer lo mismo.

ACTÚA

¿Siento a veces como si estuviera viviendo en mi tumba personal de quebrantamiento? Jesús nos llama a todos a salir a la luz. Me comprometeré a responder a esta llamada hoy y todos los días y a buscar comenzar una nueva vida en su gracia.

ORA

Ten compasión, oh Señor, porque he pecado. Guíame a la luz de tu rostro, la luz de tu esperanza y la luz de una nueva vida en ti. Amén.

LUNES, 30 DE MARZO

QUINTA SEMANA DE CUARESMA

COMIENZA

"Señor, ábreme los labios y mi boca proclamará tu alabanza".

ORA

El Señor es mi pastor, nada me falta.

~Salmo 23:1

ESCUCHA

Lee Juan 8:1–11.

"¿Dónde están los que te acusaban? ¿Nadie te ha condenado?"

Ver la luz

Hacia el final de su vida, el novelista William Styron dio un paso valeroso y describió su batalla contra la depresión en un libro titulado, *Darkness Visible* [La oscuridad visible]. La depresión es una condición médica que afecta a millones de nosotros, pero muchas personas no quieren hablar de esto, o no están seguras de cómo hacerlo. Styron, que era un personaje famoso y con éxito, salió y escribió sobre cómo la depresión había tocado su vida. Describió la desesperación que vivió, el sentido de inutilidad y cómo el tratamiento médico que recibió le ayudó a regresar al fin a la luz. En un momento, citó el Inferno de Dante: "En medio del camino de nuestra vida, me encontré en un bosque oscuro. Porque había perdido el sendero correcto".

De muchas maneras, esto describe el camino de todos nosotros, luchando por encontrar nuestro camino en un mundo de confusión y caos. También podría describir el camino de esta mujer anónima en el pasaje del evangelio de hoy—sorprendida en adulterio, humillada, y posiblemente enfrentándose a los últimos minutos de su vida. Pero entonces llega Jesús. Todo cambia. Y es capaz de empezar de nuevo. De hecho, este encuentro nos asegura que el cambio es posible, que se puede dar la sanación y que el perdón está a nuestro alcance. Es una bella ilustración del sentido más profundo de la Cuaresma: que lo sombrío de este tiempo presente se romperá en la Pascua y que la luz brillará de nuevo. Dios traerá una nueva vida.

Las últimas palabras del libro de Styron continúan la cita de Dante, dándonos palabras que proclaman una verdad bella y duradera y la esperanza del corazón a la que nos aferramos:

"Y entonces avanzamos", escribió Dante, "y una vez más contemplamos las estrellas".

ACTÚA

Tenemos que recordar que la Cuaresma es tiempo de sanación y esperanza y que la misericordia de Dios nos espera. Hoy seré agradecido por el don de este tiempo y este periodo de reflexión y renovación.

ORA

Ten compasión, oh Señor, porque he pecado. Te damos gracias Señor por tu misericordia y compasión y tu mano de amistad extendida que me recuerda que siempre puedo comenzar de nuevo y que cada día me ofrece una oportunidad de crecer en fe y en santidad. Amén.

Martes, 31 de marzo
Quinta semana de Cuaresma

COMIENZA

"Señor, ábreme los labios y mi boca proclamará tu alabanza".

ORA

Señor, escucha mi plegaria; que a tu presencia lleguen mis clamores.

~Salmo 102:2

ESCUCHA

Lee Juan 8:21–30.

"El que me envió está conmigo".

El Dios que está ahí

A finales de los años sesenta y principios de los setenta, el presidente de CBS News era un personaje muy divertido y talentoso llamado Richard Salant. Para cuando yo llegué a CBS a principios de los ochenta, hacía mucho que ya no estaba, pero su liderazgo era famoso. Una vez alguien compartió conmigo una cita favorita de Salant. "Hay dos tipos de personas en el mundo", dijo. "Los que están ahí cuando los necesito y los que no".

Al escuchar este pasaje del evangelio no puedo sino pensar que Jesús era de los primeros. Durante su vida temprana él estaba ahí cuando su Padre lo necesitaba— incluso hasta la muerte. Él y el Padre eran inseparables. "Quien me envió está conmigo", les dijo Jesús a quienes le escuchaban. "No me ha dejado solo, porque todo lo que hago le agrada". Uno de los desafíos de la Cuaresma es tratar de seguir el ejemplo perfecto de Cristo y hacer "lo que le agrada" a Dios. Pasamos estas semanas examinando nuestras vidas, inspeccionando nuestros fallos, y discerniendo entre nuestras opciones. Podemos ser víctimas de ir demasiado lejos, de ser demasiado escrupulosos. ¿Estamos haciendo lo suficiente? ¿Estamos haciendo demasiado?

La oración puede levantarnos y consolarnos. También el recordar algo que Jesús subraya en el evangelio de hoy: "No me ha dejado solo". Si tratamos de agradar a Dios, él está con nosotros. No nos dejará solos. A través de estos días de Cuaresma, el Padre nos ha abierto los brazos, dándonos la bienvenida, animándonos y consolándonos cuando sentimos que hemos fallado. Tanto si nos damos cuenta como si no, él es el que siempre está ahí cuando lo necesitamos.

ACTÚA

¿He olvidado el lugar de Dios en mi vida? ¿Su cercanía a mí? Hoy trataré de estar más consciente de su presencia y buscarla en mi vida, mi trabajo, y en todos aquellos con quienes me encuentro.

ORA

Ten compasión, oh Señor, porque he pecado. Ayúdame a recordar tu cercanía, incluso cuando siento que me he alejado de ti. Que siempre sienta tu presencia cerca de mi corazón. Amén.

Miércoles, 1º de abril
Quinta semana de Cuaresma

COMIENZA

"Señor, ábreme los labios y mi boca proclamará tu alabanza".

ORA

El Señor es compasivo y misericordioso.

~Salmo145:8

ESCUCHA

Lee Juan 8:31–42.

"Si se mantienen fieles a mi palabra, serán verdaderos discípulos míos".

Libre para ser

En la primavera de 2007, el periodista británico de la BBC Alan Johnston fue secuestrado en Gaza por un grupo conocido como el Ejército Palestino de Islam. La historia causó sensación por todo el mundo. Hubo protestas y peticiones por él, un clamor mundial de la comunidad de periodistas y recogida de firmas pidiendo su liberación. Finalmente, después de semanas de incertidumbre e incluso informes de su ejecución, fue liberado. Había estado cautivo por 114 días. Al presentarse ante la prensa por primera vez, le costó expresar su experiencia con palabras. "Fue muy desolador", dijo, "una experiencia horrible. Era como estar sepultado vivo. Innumerables veces soñé con estar libre".

"Estar libre", es uno de los temas del pasaje del evangelio de hoy. Si conocen la verdad, les dice Jesús a sus seguidores, serán libres. En ese tiempo, la gente pensaba que estaba hablando de esclavitud y servidumbre humana. Pero ahora y aquí, sabemos que estaba hablando de nuestra muy humana esclavitud del pecado, las cadenas que nos impiden vivir en la luz de Cristo. Si entendemos por qué esas cadenas nos están sujetando y encerrando—y si podemos abrazar la verdad del mensaje de fe, esperanza y amor de Cristo—podemos ser libres.

Estos últimos días de Cuaresma volvemos la mirada más y más al madero de la Cruz. Jesús habla repetidamente de su muerte inminente. Pero ¿qué hay de las cadenas de pecado que nos atan? Escuchemos de nuevo su mensaje utilizando este tiempo para orar, hacer resoluciones, arrepentirnos y salir de esas cadenas para poder ser libres.

ACTÚA

¿Qué cadenas me están atando? ¿Qué muros me están separando de Dios? ¿Qué verdades estoy esquivando? Hoy haré un examen cuidadoso de mi vida y mis opciones y tendré el valor de ser honesto conmigo mismo. Daré un gran paso adelante hacia la libertad personal y espiritual en Cristo.

ORA

Ten compasión, oh Señor, porque he pecado. Sabes mejor que yo lo que me está deteniendo. Abre mis ojos y mi corazón para ser plenamente libre en tu amor. Amén.

COMIENZA

"Señor, ábreme los labios y mi boca proclamará tu alabanza".

ORA

> Recurran al Señor y a su poder, búsquenlo sin descanso.
>
> ~Salmo 105:4

ESCUCHA

Lee Juan 8:51–59.

"El que es fiel a mis palabras no morirá para siempre".

Guardar su palabra

Esta sección de la Escritura comienza con una alusión a no ver nunca la muerte—y concluye conque Jesús escapa para evitar la muerte. (En una ironía llamativa, los acusadores de Cristo levantan piedras, como lo habían hecho anteriormente en este capítulo con la mujer adúltera).

A través de esta sección, escuchamos muchas preguntas, debate, acusaciones, y claro escepticismo. Pero las palabras de Jesús en la oración inicial del pasaje del evangelio se quedaron conmigo: "Quien es fiel a mis palabras no morirá para siempre". ¿No es eso por lo que nos esforzamos, por lo que trabajamos, por lo que oramos y por lo que nos sacrificamos? Oh, sabemos que vamos a morir—el Miércoles de Ceniza nos lo recuerda vivamente—y sabemos que tenemos que trabajar con el tiempo que tengamos en esta vida. Está en juego la salvación de nuestras almas que es precisamente por lo que tenemos que prestar especial atención en este momento a esas palabras de advertencia de Jesús.

No estamos tratando de evitar la tumba; estamos trabajando para tener vida eterna. Y para hacer eso, necesitamos guardar la palabra de Cristo—y tenerla cerca de nuestros corazones. El Evangelio de Juan es donde escuchamos más explícita y directamente lo que es la palabra: "Ámense como yo los he amado". Ese pasaje es tan conocido que podríamos considerar cada frase un lugar común. Pero cuando consideramos lo que contiene—amor sin medida, amor hasta la muerte—no podemos sino ser encontrados faltos, porque nos damos cuenta de con cuánta frecuencia hemos fallado.

Redoblemos nuestros esfuerzos para verdaderamente guardar la palabra de Cristo esta Cuaresma, dándonos cuenta de nuevo que solo esto nos puede dar vida.

ACTÚA

Por hoy mantendré mi corazón escuchando la Palabra de Dios y guardando esa palabra que me puede llevar a la vida eterna.

ORA

Ten compasión, oh Señor, porque he pecado. Con demasiada frecuencia he descuidado tu palabra o lo he dado por hecho. Que escuche no solo con mis oídos sino también con mi corazón.

Viernes, 3 de abril

Quinta semana de Cuaresma

COMIENZA

"Señor, ábreme los labios y mi boca proclamará tu alabanza".

ORA

Yo te amo, Señor, tú eres mi fuerza, el Dios que me protege y me libera.

~Salmo 18:2–3

ESCUCHA

Lee Juan 10:31–42.

"El Padre está en mí y yo en el Padre".

Vivir en él

Probablemente el último lugar en que podrías esperar una lección de Cristología es en *El Rey León*, pero ahí está, hacia la mitad del segundo acto de la obra tan popular, cuando la plantilla canta el himno triunfal "Vive en ti". Por supuesto, cantan sobre la herencia africana y el legado del león muerto que pasa a su hijito, Simba. Pero cada vez que lo oigo me acuerdo de ese intercambio en el Evangelio de Juan. No sé si los creadores de *El Rey León* hicieron esto conscientemente (me imagino que probablemente no), pero resuena en todo corazón cristiano creyente.

El Padre vive en el Hijo—y por extensión en nosotros. ¿Qué significa esto para nosotros en nuestro camino cuaresmal? Creo que nos ayuda a darnos cuenta de la importancia vital de la presencia de Dios en nuestras vidas, espiritual y sacramentalmente. Vive en nosotros a través de cómo vivimos—y de cómo amamos. Y recibimos gracias adicionales cuando lo recibimos en la Eucaristía y nos ligamos a él por el Sacramento de la Reconciliación.

Pensado de este modo, ¿cómo no desear acercarnos más a él durante la Cuaresma? ¿Cómo no desear enmendar nuestras vidas y convertir nuestros corazones? ¿Cómo no desear evitar el quebrantamiento del pecado y alegrarnos en el que vive en nosotros?

ACTÚA

Este día recordaré que Dios vive en Cristo y quiere vivir plenamente en mí. Me esforzaré para que eso ocurra con fervor y alegría renovados.

ORA

Ten compasión, oh Señor, porque he pecado. Mi oración más profunda es dejar que vivas más plenamente en mí. Ayúdame a hacerlo durante la Cuaresma y siempre.

COMIENZA

"Señor, ábreme los labios y mi boca proclamará tu alabanza".

ORA

Yo voy a ser su Dios y ellos van a ser mi pueblo.

~*Ezequiel 37:27*

ESCUCHA

Lee Juan 11:45–56.

"Muchos de los judíos que habían ido a casa de Marta y María, al ver que había resucitado a Lázaro, creyeron en él".

El factor del miedo

En el evangelio de hoy la discusión entre los líderes judíos se acalora más sobre la necesidad de hacer algo sobre la persona de Jesús y la discusión adquiere un tono más urgente también.

Lo que me llama la atención de este intercambio es que los fariseos responden en primer lugar al temor. Están aterrorizados de perder tierra y poder. "Si lo dejamos en paz", dice uno de ellos, "todos creerán en él y los romanos vendrán y se apoderarán de nuestra tierra y nuestra nación". No podemos evitar sentir cierta empatía. ¿Cuántas veces nos hemos enfrentado a una crisis similar y temido por nuestro propio bienestar? ¿Cuántas veces nos sentimos inseguros sobre qué hacer o cómo manejar una crisis por temor a hacer algo mal?

Este momento en el evangelio tiene una familiaridad desconcertante. Pero también nos desafía a considerar qué hubiéramos hecho nosotros en circunstancias parecidas. ¿Habríamos tenido más valentía?

La Cuaresma nos pide hacer eso: ser gente de valentía. Estas semanas nos han pedido que nos examináramos sin temor. Hemos tratado de orar más profundamente, sacrificarnos más humildemente, extendernos más generosamente y abrazar más completamente nuestra llamada como seguidores de Cristo. No siempre ha sido fácil. Y a veces puede ser preocupante, e incluso dar miedo. Pero hay algo más grande que nos llama adelante. En estos últimos días, tenemos que recordarnos a nosotros mismos por qué estamos haciendo lo que hacemos—y esperar en la alegre y brillante esperanza de la promesa de la Pascua.

ACTÚA

¿Me he encontrado inseguro o con miedo durante la Cuaresma? ¿He evitado el examen de conciencia porque miedo de lo que podría encontrar dentro de mí mismo? Hoy bajaré mi guardia y consideraré lo que Cristo dio por mí y me daré más plenamente a estos días de oración, limosna y ayuno.

ORA

Ten compasión, oh Señor, porque he pecado. Guíame a amarte más plenamente, sin miedos. Dame el valor de mantenerme firme en lo que creo y de entregarme a ti con corazón generoso y gozoso.

DOMINGO, 5 DE ABRIL
DOMINGO DE RAMOS

COMIENZA

"Señor, ábreme los labios y mi boca proclamará tu alabanza".

ORA

Reparten entre sí mis vestiduras y se juegan mi túnica a los dados . . . no te quedes de mí tan alejado.

~*Salmo 22:19–20*

ESCUCHA

Lee Mateo 21:9.

"Los que iban delante de él y los que lo seguían, gritaban: 'Hosanna, ¡Viva el Hijo de David! ¡Bendito el que viene en nombre del Señor! ¡Hosanna en el cielo!'"

Nuestra suerte en nuestras manos

¿Hay algo más "católico" que las palmas que recibimos este domingo? Las guardamos, las mostramos en casa y las ponemos detrás de los espejos o las estampas. Estas palmas cuentan parte de la historia que escuchamos en Misa este domingo, la Pasión. Pero también cuentan nuestra historia.

Hace cinco semanas, recibimos cenizas para recordar nuestra mortalidad, nuestro pecado y nuestra necesidad de conversión. Esas cenizas eran los restos de muchas palmas quemadas. Este domingo aquí estamos cinco semanas más viejos. Es de esperar que también cinco semanas más sabios. Y tenemos en las manos nuevas palmas—nuevo crecimiento. Y esto nos obliga a preguntar: ¿Cómo hemos crecido desde ese miércoles de febrero?

¿Cómo hemos cambiado? ¿Qué haremos con la promesa, el potencial, que tenemos ahora en nuestras manos?

Nuestra esperanza es que hayamos sido renovados en estas semanas. Y quizá estas palmas nos puedan recordar eso. Nos recuerdan el sufrimiento y la muerte de Cristo, el triunfo de su entrada en Jerusalén y la tragedia del Calvario. Nos recuerdan nuestro papel en esa pasión que sufrió Cristo por nosotros. Y nos recuerdan cómo comenzó este camino de Cuaresma marcado con las cenizas que un día fueron palmas.

Las cenizas que recibimos hace cinco semanas se borraron. Pero estas palmas se quedan con nosotros ofreciendo un testimonio silencioso y empujándonos a recordar que nosotros también seremos polvo un día. Mi oración este Domingo de Ramos es que llevemos esa memoria con nosotros como llevamos estas palmas. Cada uno de nosotros lleva el futuro en sus manos hoy. ¿Qué haremos con esto?

ACTÚA

Este Domingo de Ramos haré algo más que usar las palmas simplemente como decoración santa. Consideraré lo que de verdad significan. ¿Qué más puedo hacer para entregarme más completamente a Dios y crecer en mi fe?

ORA

Ten compasión, oh Señor, porque he pecado. Dame la gracia de ver en las palmas que llevo en la mano la promesa de un nuevo comienzo, un nuevo crecimiento en santidad, al llegar al final de este tiempo de oración y penitencia. Lléname de vida nueva. Amén.

LUNES, 6 DE ABRIL
SEMANA SANTA

COMIENZA

"Señor, ábreme los labios y mi boca proclamará tu alabanza".

ORA

La bondad del Señor espero ver en esta misma vida.

~*Salmo 27:13*

ESCUCHA

Lee Juan 12:1–11.

"A los pobres los tendrán siempre con ustedes, pero a mí no siempre me tendrán".

Recordando a los pobres

La Madre Teresa de Calcuta acostumbraba a decirle a la gente que se encontraba en las calles que deberían ser siempre conscientes de que llevaban el evangelio en sus manos. Y ella salía al encuentro y tocaba cada mano de las personas desconocidas y decía, citando la Escritura: "Lo hicieron por mí". Todo lo que hicieron por el más pequeño de estos lo hicieron por mí, les recordaba. Nunca olviden eso, decía. Usa tus manos para vivir el evangelio.

Cuidar de los pobres es una de las piedras angulares de nuestras prácticas cuaresmales, dando limosna, dedicando tiempo a la caridad y recordando a "los más pequeños". Y en este pasaje del Evangelio de Juan le toca a Judas preguntar si el dinero gastado en un ungüento caro debería estar destinado a los pobres. "A los pobres los tendrán siempre con ustedes, pero no siempre me tendrán a mí", responde Jesús con agudeza, señalando que su tiempo en la tierra está llegando a su fin. Pero como sabía la Madre Teresa, honrar al pobre honra a Cristo. Mostramos nuestro amor por él en nuestro amor por los demás, especialmente a los más vulnerables, los desesperados, los marginados. Si los hemos descuidado durante esta Cuaresma, también hemos descuidado a Jesús. Si lo hemos hecho, hemos pasado por alto uno de los aspectos más fundamentales de la vida cristiana, la preocupación por los pobres.

Jesús sufrió, murió y resucitó por nosotros, pero cada día nos recuerda que su sufrimiento sigue ocurriendo entre los hermanos y hermanas más necesitados. Siempre están entre ustedes, dijo Jesús. Y llevamos en nuestras manos un importante recordatorio de esto. ¿Cómo lo usaremos?

ACTÚA

¿He descuidado a los pobres en esta Cuaresma? ¿Me he acordado de ver el rostro de Cristo en los rostros de los pobres? Hoy examinaré mi conciencia para ver si he dado suficiente de mi tiempo y tesoro para recordar a quienes tan a menudo son olvidados.

ORA

Ten compasión, oh Señor, porque he pecado. Haz mi corazón más generoso, más compasivo, más capaz de dar a los necesitados y conocerte a ti en ellos. Amén.

Martes, 7 de abril
Semana Santa

COMIENZA

"Señor, ábreme los labios y mi boca proclamará tu alabanza".

ORA

Señor, tú eres mi esperanza, que no quede yo jamás defraudado.

~Salmo 71:1

ESCUCHA

Lee Juan 13:21–33, 36–38.

"Hijitos, todavía estaré un poco con ustedes".

Estar ahí

¿Te puedes imaginar cómo debió haber sido? ¿Estar en esa habitación, en esa comida, la última cena? ¿Escuchar esa conversación, ver el intercambio de miradas en la mesa y probar el vino y el pan compartidos? Luego, hay un ruido, cuando uno de los doce se levanta de repente para irse. ¿Cuál de ellos? Oh, Judas. ¿Qué podría estar haciendo? ¿A dónde podría ir a esa hora de la noche? El Evangelio de Juan pinta una escena de confusión e incertidumbre. El Mesías se sienta entre ellos, pero nadie se da cuenta de lo que está pasando—o lo que está a punto de pasar. Hay un sentido de distracción. Nadie se imagina que la historia está a punto de cambiar, y que en cuestión de horas nada será igual.

Esto es así a menudo en nuestras propias vidas, ¿verdad? Quizás lo hayamos vivido durante la Cuaresma también; un sentido de desconexión, de falta de interés, de frustración, de distracción o de tentación. Puede ser difícil mantener nuestros pensamientos y nuestros corazones enfocados en la oración, recordar ayunar y mantenernos enfocados en la "razón de este tiempo" que es nuestra conversión interior. Pero al acercarse el final de la Cuaresma empezamos a hacer inventario de dónde estábamos y a dónde hemos llegado, toma un momento para reflexionar dónde empezó todo. Usa estos últimos días para ponerte en esa habitación con los apóstoles. Imagínate cómo debió haber sido eso. Y recuerda que hoy sabemos lo que ellos no sabían en aquel momento: que está a punto de ocurrir la Resurrección. Al fin, esa es la mayor razón para este tiempo y la mayor razón para sentirse honrado y agradecido por el camino que estamos emprendiendo.

ACTÚA

Si me he encontrado distraído o a veces indiferente a la Cuaresma, eso va a cambiar hoy. Este día, haré una oración de gratitud por este tiempo de reflexión y renovación y consideraré lo que he ganado.

ORA

Ten compasión, oh Señor, porque he pecado. Dios en tu misericordia concédeme la gracia de apreciar a dónde me ha llevado este camino de Cuaresma y ayúdame a ir donde tú quieres que yo vaya. Amén.

Miércoles, 8 de abril

Semana Santa

COMIENZA

"Señor, ábreme los labios y mi boca proclamará tu alabanza".

ORA

Por tu bondad, Señor, socórreme.

~Salmo 69:14

ESCUCHA

Lee Mateo 26:14–25.

"Yo les aseguro que uno de ustedes va a entregarme".

Más allá de la traición

Tradicionalmente este día se conoce como "Miércoles del Espía" cuando Judas pasó tiempo espiando, buscando una oportunidad para traicionar a Jesús y entregarlo a las autoridades. El volverse contra Jesús fue tan grave y su acción tan devastadora que el nombre de Judas se hizo sinónimo de traición. El nombre Judas incluso ha llegado a la jardinería y la horticultura. Hay una planta muy colorida llamada el "árbol de Judas", el árbol que algunos piensan que fue el que usó Judas para tomar su propia vida. Este bello árbol nativo del mar Mediterráneo lleva flores de un rosado oscuro en la primavera, las flores que nos dice la leyenda que se ruborizaron por vergüenza después de la muerte de Judas.

La traición por lo general toma muchas formas y tamaños. Quizás este día es un momento para que nos detengamos y reflexionemos sobre los modos en que nos hemos vuelto contra el Señor, examinemos nuestras conciencias y nuestros corazones. ¿Hemos sido de hecho un Judas para Cristo? ¿Hemos traicionado el evangelio, volviéndonos contra el mandamiento de amor de Cristo? ¿Hemos sentido vergüenza, dolor, o desilusión de nosotros mismos?

La Cuaresma es nuestra oportunidad de enmendar nuestra conducta. Es nuestra oportunidad de ayudar a enderezar lo que hemos hecho mal, de redirigir nuestros pensamientos, reenfocar nuestras oraciones y convertir nuestros corazones. ¿Cómo podemos tomar lo que hemos aprendido en estos días y hacer una diferencia en los días y semanas por venir?

Si hemos vivido con dolor por nuestros pecados, si nos hemos vuelto de alguna manera contra Cristo, no tenemos que vivir avergonzados para siempre; no tenemos que ser como el árbol de Judas. La promesa de la Resurrección, la misma promesa que celebramos en este domingo que viene, nos dice que podemos conocer otro camino.

ACTÚA

Hoy examinaré mis opciones y redoblaré mis esfuerzos por ser un discípulo fiel de Jesús.

ORA

Ten compasión, oh Señor, porque he pecado. Profundiza mi dedicación a ti, eleva mi corazón y hazme seguidor más fiel a tu palabra. Amén.

Jueves, 9 de abril
Jueves Santo

COMIENZA

"Señor, ábreme los labios y mi boca proclamará tu alabanza".

ORA

¿Cómo le pagaré al Señor todo el bien que me ha hecho?

~*Salmo 116:12*

ESCUCHA

Lee Juan 13:1–15.

"Les he dado ejemplo, para que lo que yo he hecho con ustedes, también ustedes lo hagan".

Dios de rodillas

Hace unos cuantos años el Canal Historia mostró un documental sobre unos científicos que estudiaban el Sudario de Turín usando la tecnología de las computadoras y claves y marcas del sudario para crear una imagen en tres dimensiones del rostro de Cristo. El resultado es un retrato realista de un joven con pelo largo, barba, cicatrices, y manchas de sangre en su frente. Parece tener más peso y ser más muscular de lo que podría pensar la mayoría.

Pero si quieres otra imagen de Jesús, mira la lectura del evangelio para el Jueves Santo. Este retrato podría ser incluso más sorprendente. Lo vemos de rodillas lavando pies. Para quienes hacen la pregunta perenne "¿Qué haría Jesús?", aquí está la respuesta. Esto es de verdad lo que significa ser Cristo. "Les he dado ejemplo a seguir", dice. "Como yo he hecho, así deben hacer ustedes".

Hoy Dios se arrodilla por nosotros. Se hace siervo—tan humilde como un esclavo, tan escaso y sencillo como una miga de pan. Aquí es donde aprendemos lo que significa ser como Cristo. Al entrar en las últimas horas de la Semana Santa, este es buen momento para preguntarnos cómo hemos seguido ese ejemplo durante la Cuaresma. ¿Cómo hemos servido? ¿Cómo nos hemos sacrificado? ¿Nos hemos inclinado para ayudar a otros?

El hecho está ahí: si de verdad quieres saber cómo era Jesús, no lo encontrarás en el Canal Historia. En cambio, mira al evangelio de hoy. Aquí—de rodillas ante otros, con la cabeza inclinada en señal de humildad y amor—aquí es donde ves la imagen más verdadera de Cristo.

ACTÚA

¿Cómo puedo ser modelo de la humildad de Jesús más completamente? ¿Qué puedo hacer para servir a los demás? Hoy pasaré tiempo recordando en oración el amor de Cristo por todos nosotros y trataré de vivir como me él me enseñó no solo durante estas últimas horas de la Cuaresma, sino cada día.

ORA

Ten compasión, oh Señor, porque he pecado. Dame un corazón limpio para amarte más plenamente. Ayúdame a recordar la fuerza de tu misericordia, la ternura de tu amor y la plenitud de tu sacrificio por mí. Amén.

Greg Kandra sirve como diácono en la Diócesis de Brooklyn y es editor de medios de comunicación en la Catholic Near East Welfare Association. Es el autor de *Daily Devotions for Advent 2018* y escribe el blog del Deacon's Bench [El banco del diácono]. Kandra fue escritor y productor de CBS News desde 1982 a 2008 para programas como el *CBS Evening News* con Katie Couric, *Sunday Morning, 60 Minutes* y *48 Hours*. También trabajó como escritor y productor de la final del exitoso programa *Survivor*.

Por su trabajo, Kandra ha recibido dos premios Peabody y dos premios Emmy, cuatro premios del Writers Guild of America, tres premios de la Catholic Press Association y un premio Christopher. Fue nombrado Clérigo del Año por la Liga Católica de Nuestra Señora de los Cielos del Aeropuerto Internacional John F. Kennedy en 2017. Kandra tiene una licenciatura en inglés de la Universidad de Maryland. Fue co-escritor del aclamado documental *9/11* de CBS. Ha contribuido a tres libros, incluyendo el de Dan Rather, *Deadlines and Datelines* [Plazos y fechas], y una serie de homilías. Su trabajo ha sido publicado en las revistas *America* y *U.S. Catholic*, así como en *Busted Halon* [Halo rota] y el *Brooklyn Tablet* [Tableta de Brooklyn]. Ha sido invitado frecuente en la radio católica.

patheos.com/blogs/deaconsbench/
Facebook: @TheDeaconsBench
Twitter: @DeaconGregK

AVE MARIA PRESS

Fundada en 1865, la Prensa Ave María,
un ministerio de la Congregación de
Santa Cruz, es una editorial católica que
atiende a las necesidades espirituales y
formativas de la Iglesia y sus escuelas,
instituciones y familias; a individuos
y familias de fe; y a todos aquellos en
búsqueda de alimento espiritual.

———————

Para ver una lista de libros publicados por la
Prensa Ave María
visite avemariapress.com

AVE MARIA PRESS
Notre Dame, IN
Un ministerio de la Provincia de los Estados Unidos
de la Congregación de Santa Cruz